华章经管

HZBOOKS | Economics Finance Business & Management

U0336139

华章经典 · 金融投资

金融交易圣经

发现你的赚钱天才

THE WAY TO TRADE

Discover Your Successful Trading Personality

[英] 约翰·派珀 著　黄志鑫 译

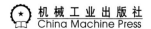

机械工业出版社
China Machine Press

图书在版编目（CIP）数据

金融交易圣经：发现你的赚钱天才 /（英）约翰·派珀（John Piper）著；黄志鑫译 .
—北京：机械工业出版社，2018.8（2021.4 重印）
（华章经典·金融投资）
书名原文：The Way to Trade: Discover Your Successful Trading Personality

ISBN 978-7-111-60644-4

I. 金… II.① 约… ② 黄… III. 金融交易 - 研究 IV. F830.9

中国版本图书馆 CIP 数据核字（2018）第 176089 号

本书版权登记号：图字 01-2018-3806

金融交易圣经：发现你的赚钱天才

出版发行：机械工业出版社（北京市西城区百万庄大街 22 号　邮政编码：100037）

责任编辑：施琳琳　　　　　　　　　　　　　　责任校对：殷　虹

印　　刷：北京文昌阁彩色印刷有限责任公司　　版　　次：2021 年 4 月第 1 版第 2 次印刷

开　　本：170mm×230mm　1/16　　　　　　　印　　张：20.75

书　　号：ISBN 978-7-111-60644-4　　　　　　定　　价：69.00 元

凡购本书，如有缺页、倒页、脱页，由本社发行部调换

客服热线：（010）68995261　88361066　　　　投稿热线：（010）88379007

购书热线：（010）68326294　88379649　68995259　读者信箱：hzjg@hzbook.com

版权所有 · 侵权必究

封底无防伪标均为盗版

本书法律顾问：北京大成律师事务所　韩光 / 邹晓东

本书谨献给

所有在市场中奋斗与挣扎的人们，

无论是何人，无论在何方

| 目录 |

第一部分　交易哲学基础

第二部分　市场技巧和方法体系

第三部分　图表教程

第四部分　一场期权交易竞赛

附录

成功的交易建立在 3 个 M 的基础之上，即心智（mind）、方法（method）、资金（money）。

心智指的是你的交易心理。你必须遵循某些心理规则，这些规则如果得以忠实执行将会使你最终胜出，同时也使你避开那些对大多数亏损者而言是死亡圈套的心理陷阱。

方法指的是你如何找到自己的交易机会，即你如何决定买入或卖出什么。每位交易者都需要一套选择具体股票、期权或期货的方法，以及像"扣动扳机"（pulling the trigger）这一类决定何时买入和卖出的交易规则。

资金指的是如何管理你的交易资金。你可能拥有一套优异的交易系统，但如果你的资金管理很糟糕，铁定会亏钱。如果缺乏资金管理，单独一笔不走运的交易就可能重创你的账户。

其他人有时会问我，交易心理、交易方法和资金管理这三者之中哪一项最为重要？我的回答是：请设想自己坐在一个三脚凳上，三脚凳是非常稳固的，但如果从中拿掉任意一条凳脚，你再试试还能轻松地坐安稳吗？现在请告诉我这三条凳脚中哪一条最重要？

交易者的成长过程通常会经历三个阶段。当初涉市场交易时，他们通常会将注意力集中在方法上。大多数人无法在这个阶段幸存下来，因为他们太缺乏经验了，并且身边没有人能够告诉他们如何远离麻烦。再多的优化移动平均线或微调趋势线都无法帮助他们在市场中幸存下来。

那些从这个阶段幸存下来的交易者将会获得较强的自信感。他们获得了一套选择交易对象的方法以及一些分析市场与判断何时买卖的工具。有些人变得相当精通于运用技术分析、市场指标和交易系统，以及使用计算机搜索网络数据库。之后，较聪明的幸存者开始问自己："如果我这么棒，为何我只赚到了那么一点点钱？为何我的账户资金某个月增长了20%，而下个月却下降了20%甚至更多？我清楚地知道了市场中的某些知识，却为何保不住自己的盈利成果？"

处于第二阶段的交易者往往会尽快使利润落袋为安，并且常常会因过早买入而使自己的资金在一连串的亏损交易中蒸发殆尽。直到有一天，在他们照镜子的时候才意识到，获胜的最大障碍其实就是镜子中看到的那个人。既冲动又缺乏自律并且没有设置保护性止损的交易必然导致亏损。在第二阶段幸存下来的交易者终于认识到自己的个性（包含所有的心理情结、癖好和缺陷）与自己的计算机一样，也是重要的交易工具。

从第二阶段幸存下来的交易者会变得更加坦然平静，面对市场变化不再忐忑不安。他们现在进入了第三阶段——专注于交易账户的资金管理。他们的交易系统已经确立，也能够平和地安顿自己的内心，他们花费越来越多的时间思考如何配置交易资金以减少整体风险。

　　以上 3 个 M 的概念来自我的畅销书《以交易为生》。我是在 6 年前认识约翰·派珀的，并且很高兴看到他成长为一名当之无愧的交易者和交易者培训师。令我感到非常欣喜的是，我们对市场的许多理念是共通的，比如 2% 规则、市场是人类心理的显现、在价值区域下方买入并在价值区域上方卖出、市场是负和游戏，等等。

　　在你将要读的这本书里，约翰·派珀将通过非常实用的图表教程章节来带领你超越理论。他将邀请你跟随他复盘一系列的交易实战案例，并在整个过程中对他的操作行为进行评论和解释。他为大多数新手提供了他们从未接触过的重要课程。

　　在这本书里，约翰·派珀提到了过去一年里他管理的基金盈利丰厚。我知道在做到这一点之前他已经从事交易许多年。在美国，要想获得管理大额资金的资格需要通过 5 年交易记录的审计。我希望约翰·派珀能够继续成功地实现稳定持续的盈利，也希望他的读者能够在金融市场上开启精彩纷呈与盈利丰厚的旅程。

亚历山大·埃尔德博士

于纽约—莫斯科

1998 年 11 月

| 为何你不能错过这本书 |

如果你是一名个人交易者，无论新手或老手，你都能够通过阅读这本书而受益良多。

1. 交易期货和期权可以比其他方法获得更快的复利式财富增长。在许多情况下，几天就能产生数以亿计的盈利，而且这样的情况仍然会不断地出现。没有其他赚钱方式可以与之匹敌。

2. 在市场中稳定持续地赚钱是可能的，击败市场是可能的。本书作者约翰·派珀以及其他许多人都做到了这一点。如果你也同样希望实现这样的梦想，那么你需要遵循一套既经过检验又适合你个性的方法体系。这本书将会讲解如何做到这一切。

3. 这本书也提供了一些经过检验的方法体系，使你在一开始选择适合自己的方法时就比别人先胜一筹。

4. 不仅仅只是如此而已，约翰·派珀之所以写这本书，是因为他从未见过一本涵盖了整个交易领域主题的书。市面上有许多讲市场分析与技术分析技巧的书，也有许多讲交易心理的书，还有一些讲资金管理或者其他各种主题的书，有些书甚至包括了好几项主题内容。但除这本书之外，迄今为止还没有其他书涵盖了交易领域的所有主题——从交易成功哲学到交易心理学，再到方法体系以及实践操作，直至最终的交易结果等方面。

5. 很少有一本书会指出，照着"作者怎么说的"去做并不一定好。我们每个人必须找到属于自己的成功路径。这本书阐明了要找寻个人成功路径的原因以及如何去实现的方式。这就是这本书所要表达的一切。

6. 期货和期权市场提供了财富增长的最大潜在可能性，它的增长可能性要远远超过股票市场。在这些市场里赚到大钱的人都是像书中所说的那样做的。无论市场上涨还是下跌，你都可以赚到钱，这一点也许是比较重要的。依目前的经济形势判断，在今后的几年里这可能是相当重要的。

听到这些，是否已让你心驰神往？应该如此。所有对财富感兴趣并且想要得到更多财富的人都应该仔细读读这本书。无论富有或贫穷，在职或退休，每个人都能够在书中找到对自己有用的内容。

为何这本书与众不同

交易是一种人生历练，与其他事情并不相同。当你成为一名更优秀的交易者时，你也就成为一个更完善的人。但当你处于不断进步的过程中时，常常难以回想起自己的成长轨迹。我相信这就是没有其他书能够涵盖全部主题的原因。那些成功交易者常常已经"忘记"了自己如何达到现在的水平，这一点并不奇怪，因为许多技巧已成为其个人潜意识的一部分。

然而，约翰·派珀一直以来都将他的交易和市场分析写作结合起来。

这样的经历给予他非常独特的洞察，并且迫使他去表达那些对其他交易者而言仅仅只是想当然的个人化问题。这样的经历也迫使他更加仔细地去考察整个关于如何成为一名成功交易者的确切过程。在独自历经了整个过程之后，约翰·派珀"发现"了交易金字塔。这是建立成功交易模型的一次首创性尝试。交易者将会从中获益匪浅。

因此，这本书不仅引导交易者经历从新手入门到最终收获（获得交易利润，而且非常丰厚）的整个过程，还提供了一个关于如何交易的理论框架。

交易方式无对错

对交易而言，唯一重要的事情就是结果。这本书提供了一系列参数，你可以用这些参数构建适合自己的交易系统。交易的美妙之处在于它可以成为你自身个性的表达方式。出色的交易者并不刻意去做什么，他们仅仅呈现出色的自我而已。但要成为一名出色的交易者，你必须找到适合自己的方法。这本书再加上其他可获得的后续咨询服务，将帮助你找到合适的方法。

按你自己的路径前行

要实现目标，你必须按自己的路径前行，遵循别人的交易方式并无益处。当然，你需要在学习交易的过程中得到帮助，这本书的目的就在于此。你需要一位指导老师，但不需要那种告诉你如何去交易的"大师"（guru）。[⊖]唯有通过自己的交易方式，你才能够赢得真正的胜利。实际上，

⊖ 指有自我标榜嫌疑、有一定数量追随者的市场预测师和神奇方法发明者。——译者注

对于所有交易者来说，著名歌手弗兰克·辛纳屈（Frank Sinatra）的热门歌曲《我的路》（*My Way*）是一首献给他们的杰出赞歌。许多交易者发现迈出自己独立交易的一步是最困难的一步，但这一步极其重要。

如果你不想独立交易，那么最好将你的资金托付给像约翰·派珀这样的交易者，因为他可以为你交易，但请首先确保核实对方的业绩记录和风险评估情况。

　　我在期货与期权市场中交易已超过 10 年了，现在担任基金经理并且正在赚取稳定丰厚的利润。因此，我对市场所发表的观点已经受了市场烈火的淬炼，我也经受了所有交易者在通往成功之路上都将经历的大起大落所带来的磨难。

　　本书的独特性在于它将带领读者经历整个交易过程，同时它还使用了一个模型，即金融交易金字塔来解释整个交易过程及过程中各组成部分之间的相互关系。

　　基础性的交易哲学是成功交易最关键的组成部分，而其恰恰被许许多多的交易书籍和培训班所忽略。许多人都在撰写或者讨论交易分析方面的内容，但交易分析只是游戏的一小部分而已。**好的交易不是一个怎么做的问题，而是一个怎么呈现个人本质的问题**。本书将献给那些想要成为优秀交易者的人。**对于那些不曾经历整个交易成长过程的人来说，单单有分析与交易技巧是毫无用处的。**

　　在解决了基础性哲学问题之后，我们将注意力转到具体交易技术以及构建这些技术的基础性分析上。我不相信在全球市场上进行资本冒险的绝大多数人能够正确地运用分析。分析不是用来分析市场的，它仅仅是用来生成你在市场上的方法（或方法体系）。你必须生成一套方法体系并不断地运用它，这样你便会成为应用该方法体系的专家，然后钱就会源源不断地向你涌来。

你必须有自己的方法体系，让现在的"当红"大师填鸭式地告诉你怎么交易对你并无益处，因为他们的方法与你的交易个性相适合的可能性非常小。本书将告诉你如何构建自己的方法体系，并且阐明了交易金字塔内部各组成部分之间的反馈过程，使得交易金字塔能够真正为你所用。

许多人在市场中亏钱是出于一个单纯的原因，即他们常常进行情绪化交易。 当交易者意识到这个问题后，他们会通过机械化交易来改进。这是一次重大的改进，但仍旧存在欠缺。要想获得真正的成功，你必须能够进行直觉化交易。这就意味着你要成为自己所做事情方面的专家，唯有通过经验你才能达到如此的境界与水平。在本书中，我将描绘出这样的路径。我相信你会享受整个进步过程。

不要只从字面上理解与接受书中的内容。交易者成长过程中的重要内容之一就是审慎考虑市场的方方面面和个人应对市场的方法。我故意将书中的某些表述写得具有挑动性，意图在于激励读者亲身投入整个成长进程。所以，不要盲目接受我所说的，而要进行深入思考，得出你自己的结论，并且据此建立起对你自己而言十分有用的市场信念和方法体系。在这里，关键是"有用的"这三个字。你的信念和技巧必须通过创造可观的利润来证明其有用性。

最后，我必须再补充说明一点，在我们通往成功的历程中，存在着许多在特定时期内具有特别重要意义的交易教训。出于这个原因，你在第一次阅读本书时，可能会觉得书中的有些部分看上去对你而言并没有多少意义或者不太相干，但你可能会在后续几次的阅读中体会到它们对你的意义。这也许是一本值得反复阅读、常读常新的书！

约翰·派珀

1998 年 12 月

| 致谢 |

许多人对本书的问世做出了贡献。当我与某位咨询客户交谈时或者与某位培训班学员就某一观点进行讨论时，我常常会领悟到某些东西。我已尽量把这些领悟都浓缩到本书中了。

我也要向自己读过的许多市场与交易方面著作的作者表示感激。主要参考著作我已在附录 C 中一一列出，但我必须在此单独提一下托尼·普卢默的那篇名为《受困扰的交易者》的文章，该文已收录在附录 B 中。它清楚地阐明了为何我们会发觉交易是一件难对付的事情。

在我自己的交易生涯中，我非常感激艾德里安娜·托格雷伊在交易心理方面给予我的诸多帮助。我也非常感激亚当·塞科姆一直以来（包括现在）都在为我管理的基金筹集更多的资金。

感谢那些费心阅读本书初稿的人，特别感谢亚历山大·埃尔德博士，他如此友善，甚至还提笔为本书撰写了推荐序。

我同时还要感谢金融时报－皮特曼出版公司的团队成员，你们对自己手头的工作都非常尽心尽责，尤其要感谢理查德·斯塔格、伊恩·坎贝尔、伊丽莎白·特鲁兰和希瑟·萨金特。

我也要感谢我的家人，在我学会如何稳定持续赚钱之前的那些艰难岁月里，他们首当其冲地与我共同承受着生活的压力。

最后，我必须感谢卡伦为本书提供的所有帮助，尤其是当我愁眉不展时，她总能及时给予我最需要的安慰。

约翰·派珀（John Piper）从二十多岁起就参与金融市场交易。20世纪80年代后期，他开始专职从事期权交易，并且在1987年的全球大股灾中安然无恙。这段经历对他现在的交易来说可谓受益良多。他主编英国顶尖的专业期刊《技术交易员》（*The Technical Trader*）已长达十余年之久，该刊物面向的读者群是从事全球期货与期权市场交易的人士。他的文章可以帮助读者在分析市场时获得优势。他专职从事交易并一直稳定获利。如今，他是伯克利期货有限公司（Berkeley Futures Limited）高端客户金融产品的基金经理，该公司受英国证券期货管理局（Securities and Futures Authority，SFA）监管。约翰·派珀现居住于英国萨里郡的科巴姆镇和意大利托斯卡纳地区的马萨市。

第一部分

THE WAY TO TRADE

交易哲学基础

第 1 章

交易金字塔模型概述

当进入金融交易竞技场时，我们就进入了一个与其他地方截然不同的环境之中。我们在正常外部世界里所仰赖的那些规则已无法继续在此适用，事实上那些规则反而可能会给我们造成亏损。当我们想方设法从市场中获取金钱时，这样的内心动机反而可能会成为我们自己最可怕的敌人。

要想在市场中获得成功，我们需要构建一个完整的体系，正如我们在外部世界中已构建了一个完整的体系（也就是我们的个性）那样。交易金字塔就是这样一个体系。但在开始解释其如何运作之前，先让我举两个例子来说明，为何平常的行为方式与动机无法帮助我们在市场交易中取得成功。

许多人涉足市场交易是因为他们已在其他职业或商务生涯中获得了成功。在某一阶段，他们可能对生活感到有些倦怠无聊，想要寻找新的挑战。这非常正常，我们所有人都曾经在某时某刻感受过此类寻求刺激的内心冲动。但是，请停下来花点时间思考一下这个问题。以此开始交易的人，非常有可能像许多其他交易者那样，以一种极其随性的方式进行交易，我将这样的交易称为"情绪化交易"（emotional trading）。因为无论交易者认为自己正在使用什么样的方法，最终做出的交易决定通常更可能是情绪化的决定。我将在本书后面更详细地解释这个问题。因而，总的来说，他们涉足市场的原因可以概括为"为寻求刺激而想要交易"。那么当他们觉得手痒痒时，会怎样呢？一旦会交易之后，他就非常有可能为寻求刺激做出情绪化交易。这样的时刻不太可能刚好对应着市场中的低风险交易机会。我也将在本书后面谈及许多关于低风险交易机会方面的内容。

因此，交易者必须先问自己一个重要问题：我为什么要从事交易？对这个简单问题的回答可能会让你省下一大笔钱。

现在，我们再来说说第二个例子。在现代社会里，当想要得到满足的时候，我们都会想方设法寻求得到满足。那么，当我们面前出现美妙事物的时候，我们会有怎样的反应呢？我们会想占有它。在现实世界中，当不愉快的事物出现时，我们又会有怎样的反应呢？我们会想方设法拖延着不去接受它，并且希望时间可以冲淡它带来的不利影响。上述两种倾向在市场中会导致什么样的结果呢？这将意味着你会过早地获利了结却过迟地止损退出。是的，你将会截断你的利润却让亏损奔跑。在现实世界中管用的方式在市场中**不再**管用。以上原因，是每位交易者在构建金字塔模型时要考虑的诸多原因中的两个。

交易金字塔

交易金字塔如图 1-1 所示。每一层都建立在下一层的基础之上，实际上，下一层是构建上一层的必要条件。每位交易者其实都已构建了这样一个体系，但如果进行交易并出现了亏损，那么该金字塔需要沿着正确的路径予以重新构建。本书将全面阐释这样的路径。

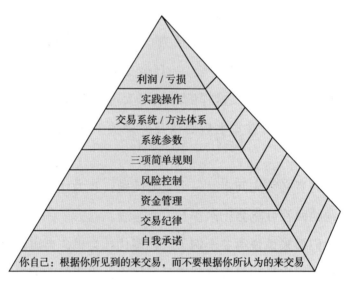

图 1-1　交易金字塔

在本章中，我旨在聚焦介绍交易金字塔的整体概念，而在后续章节中，我将详细地分析金字塔中的每一层。最底下的一层是你自己。很明显，如果你没有准备好，或者说你本人不存在，那么将不可能添加更多的金字塔层。同时，你也决定了整个体系，因为你必须构建出适合自己整体个性的体系。因此，每一位个人交易者的交易体系都会有所不同，尽管我相信彼此之间总会存在某些共同特征。正因为如此，每位交易者专心耕耘于自己的专长领域是极其重要的。我常常告诫我的咨询客户要学会对我或者其他人的市场言论不再感兴趣，这是交易者在学习过程中必须迈出的重要一

你必须学会开创和管理你自己的交易，除此之外，别无他法。

步。因为你的交易体系和我的或者其他人的不同。你必须学会开创和管理自己的交易，除此之外，别无他法。因此，我们已经明白如何让该模型变得有用了——它给予了我们对有效交易方式的洞察。

再往上的一层是自我承诺。交易是一件艰难的事情，依我看来甚至是世界上最艰难的事情之一。同时，它对于顶尖高手而言，也恰恰是世界上回报率最高的事情，所以你理应预想到它是艰难的。如果你准备奋战到底，就需要承诺付出，既然你已经在阅读本书了，那么你或许已有所承诺，因为这意味着你已经认可了"交易并不容易"这样一种观点。

再上面一层是交易纪律，这是从事市场交易的一项关键因素。你必须了解自己的情绪并且控制它们，这就需要交易纪律。你需要形成一套能够给予你竞争优势的方法体系，如果使用这套方法，那么就需要交易纪律来执行该方法。这就牵涉另外一个问题，因为有些事情我们能够做到而有些事情做不到。我们不需要把事情搞得对自己来说难度过高，所以方法体系应该选择适合自己的，它应该是我们逐渐擅长的那一种。一旦这两个条件成立，执行交易纪律和遵循交易系统就变得相对容易一些，尽管交易纪律本身仍十分重要。这是金字塔各层次之间如何相互联系的一个例证。这也表明了金字塔体系是一个有机整体，它将随着我们交易技巧和经验的增长而演进。从某种程度来说，方法体系是我们关于不同市场策略的经验和关于自身知识及自身情绪的函数。因此，当我们取得进步时，将产生一个反馈回路给我们的交易系统（或方法体系），而交易系统（或方法体系）也将对交易纪律层次及其他所有层次产生影响。

至此，我们已考察了金字塔模型最基础的三个层次。这些层次可以归类为"个人"层次，包含了我们自身具有的东西。对于构建以上三个层次，我们不必观察市场，也不必进行交易。而在接下来的五层中，我们必须着手构建交易方法体系。许多关于交易的书籍只谈交易系统的设计；有些书籍只讨论分析技术，然而这只是整个游戏中很小的一个部分，在金字塔中只占据了一层而已，即系统参数层。

资金管理是所有方法体系中最关键的一项特征。如果没有恰当的资金管理策略，任何方法都无济于事。如果在每笔交易中你用100%的资金来冒险的话，即使你有一个成功率达99%的交易系统（很不幸，这样的系统除了自然科学领域以外很少存在，虽然飞机系统拥有这样的成功率，但这类系统不太常见），也仍旧会遭受淘汰出局的命运。同样，在这样的交易系统中冒太小的风险只能获得比你原先预期少得多的利润。正确地设定风险参数是首要的一步，而这是个性化的问题。大多数人之所以失败，乃是因为他们给予自己太多的压力，从而导致产生过度的情绪，而情绪化交易是引起亏损的举动之一。有两种特别重要的压力类型：第一种是财务压力，如果你用太多的现金冒险，那么你将成为一名"违背平均律的亡命之徒"，必定会被淘汰出局；第二种是心理压力，它可能是财务压力在潜意识中的体现。这两类压力必须予以避免。要做到这点，一则必须运用经验，二则必须对每笔交易设定风险参数。我认为每笔交易承担总资产1%～2%的风险大概是合适的。你仍可能赚到许多钱但不必感到压力重重。某位金融怪杰曾说过，几乎所有的交易者都应该立即将自己的交易规模缩减一半。这个主意不错。

再接下来的一个层次是风险控制。资金管理和风险控制是相互关联的。如前所述，资金管理是基础性的，而资金管理策略通常包括风险控制。例如，我使用某个止损点（心理止损或市场止损）进行风险控制，但所冒风险的额度则属于资金管理方面的事情。要成为一位成功的交易者，必须将风险最小化。出于这样的原因，我们常常会看到市场在一则新闻出来之后发生剧烈的价格运动，而且价格运动方向常常与新闻本身所预示的方向背道而驰。这是因为大资金交易者在用

———————————————

交易者必须像走钢丝那样。走钢丝的人学会了在不平衡的情况下行走。同样的道理，交易者必须学会在风险环境下生存。

———————————————

这种方式将风险最小化，他们要等到这样的风险事项风平浪静之后再建立头寸，新闻本身意味着什么实际上并不是太重要（参见第 25 章）。风险较高的时刻包括新闻事件前后、隔夜和隔周，等等。对于无法预期的新闻事件，除了时时刻刻采取预防措施控制使风险最小化之外，别无他法。我们永远都无法消除风险，而实际上我们也并不想完全消除风险，因为没有风险就意味着没有回报。交易者必须像走钢丝那样。许多人认为走钢丝的人学会了保持平衡，其实不然，他们只是学会了在不平衡的情况下行走。同样的道理，交易者必须学会在风险环境下生存。

这就将我们引向了下一层——三项简单规则（我常常称之为"交易秘诀"）。隐藏东西最好的地方往往是所有人都能够看到的公共场所。你始终能看到这些东西，但不能意识到它们的真正价值。三项简单规则就是这种情况，你对这三条规则一定非常熟悉：

1. 截断亏损。

2. 让利润奔跑。

3. 遴选交易机会。

这三项规则对应着交易者成长经历的三个阶段，尽管这些阶段可以用不同的方式予以描述。交易者进阶历程（参见第 2 章）将这三个阶段表

述为"贪婪导向"（greed-orientated）、"恐惧导向"（fear-orientated）和"风险导向"（risk-orientated）。这三个阶段可以与三项简单规则相联系。另一种描述交易经验提升的方式，即从"情绪化交易"到"机械化交易"再到"直觉化交易"，也可以与这三项简单规则相联系，但这里提及这些内容稍稍有点超前。依我个人的观点，任何不遵循上述三项简单规则的方法体系都是无效的。话虽如此，有些纯粹的机械化交易方法被公认为表现出色，但如果正确地遴选交易机会，它将表现得更为出色（参见第 25 章）。现在，我们才开始正式讨论市场分析，因为必须了解系统参数这个层次。一旦所有的关键方面都已齐备，在设置系统参数方面我们将不会再有真正的困难。因为我们对自己有更深的了解，知道如何去交易，也知道需要以何种方式去交易（而不是仅仅购买一套带有光鲜亮丽的广告册或者最佳推销语的软件程序包），并且能够做到以自己的方式交易。最后这一点，万万不应该被忽视。

在我看来，分析真正的作用通常是被误解的。分析并不是为了分析市场，而是为了部署与实施你的交易系统。你必须决定自己要如何去交易，期货、期权、对冲、长线、短线等这些因素都与此相关。你可能决定跟随趋势交易，并根据市场状况持有交易头寸短则两三天，长则两三个星期；你可能决定某些趋势指标将在你的交易方法中发挥作用；或者你可能像我一样，更喜欢通过观察市场价格运动并从中得到恰当结论。无论采用何种交易风格，你都需要决定进场交易的触发条件以及如何离场的策略。就个人而言，我在这方面部分依赖于直觉，但我做得远非完美。然而我所要表达的意思是，这个阶段具有一定的灵活性，关键在于交易系统（或方法体系）要遵循之前所述的金字塔各阶段主张的各项原则，要与你的交易个性以及你正努力实现的目标相符合。

一旦你拥有了自己的交易系统，那么接下来就顺理成章地进入实践操作层次了。此时，实际的问题可能会涌现出来。美国有一位名叫乔·罗斯的交易者，在他说过的许多交易名言中，其中有一句是："**根据你所见到的来交易，而不要根据你所认为的来交易。**"在进行实践操作时，这是一句至关重要的交易箴言。交易者之所以会进行交易，是因为他们自以为是地确信将会发生什么，他们想象着通过大跌或大涨发大财。然而，**依你所见到的事物而行动才是明智的**。

有些交易者会给自己的交易设置障碍，我将在第 13 章中讨论这个问题。为了介绍这个主题，其中一些问题必须涉及复杂思维过程，而这需要通过深入剖析才能够被理解。有些问题涉及可以通过实践操作而建立起来的交易信心，还有些问题涉及需要进行适当加工整理的过往经验。有时，一位交易心理学家可以给你带来许多帮助，本书中专门有一章是用来讨论这个主题的（参见第 16 章）。

在金字塔最顶端的一层是交易结果：利润 / 亏损。很不幸的是，大多数人都会亏损，但这是必然的事情。交易领域的难题之一就是，如果每个人都表现完美，那么就没有人会赚到钱，因为交易是一种负和游戏（参见第 25 章）。每个人都表现完美这种情况是不会发生的，因为人是情绪化动物，而且许多人对此并无改变之意。他们将给胜利者充当炮灰。本书教你如何成为交易精英阶层的一员，我希望你能喜欢它。

· 小结 ·

- 我们在日常生活中所仰赖的规则在市场环境中不再有效。

- 为了在市场中取得成功，我们需要构建一个独立的交易"个性"，该个性必须学会非常懂得控制情绪。

- 交易金字塔为该个性提供了必要的构建框架。我们每个人都应当去探寻不同的交易个性，从而最大程度地做到扬长避短。

- 交易金字塔有以下几层：

  - 你自己

  - 自我承诺

  - 交易纪律

  - 资金管理

  - 风险控制

  - 三项简单规则

  - 系统参数

  - 交易系统/方法体系

  - 实践操作

  - 利润/亏损

- 金字塔体系是一个有机整体，每一层都与其他层相互关联。

- 根据你所见到的来交易，而不要根据你所认为的来交易。

| 第 2 章 |

交易者进阶历程和 55 个步骤

本章从其他一些视角来叙述交易者取得成功的路径。

多年之前，我就已经提出了一个所有交易者在通往成功道路上似乎都需要经历的进阶历程的简要模型。该历程将在下面详细描述，并且我将对其进行补充说明，希望能够为那些想依此路径前行的人提供一定的帮助。

从"贪婪导向"开始。

导致亏损的原因：

1. 市场问题

　a. 不是零和游戏，而是"负"和游戏（参见第 25 章）；

　b. 市场心理：在错误的时机做错误的事情；

　c. 大部分人总是错的；

　d. 市场存在着混沌和混乱。

2. 自身问题

　a. 过度交易；

b. 缺乏知识；

c. 缺乏交易纪律；

d. 对市场心理没有采取保护措施；

e. 建立在不确定性上的随机行动，例如经纪人的建议；

f. 市场观点有误。

结果： "贪婪导向" 交易者遭受重大挫折并转变为 "恐惧导向" 交易者。

导致亏损的原因：

1. 前面所述的市场问题。

2. 胆小的资金永远不会赢。

3. 自身问题

a. 仍旧过度交易：金融衍生品；

b. 恐惧导致所恐惧的事情发生；

c. 因试图过于急切地截断亏损而产生更多的亏损；

d. 对执行的交易仍旧缺乏真正的理解。

结果： 那些熬过 "穿越隧道" 阶段而迎来曙光的交易者转变为 "风险导向" 交易者。这时他们开始赚钱，因为他们：

1. 形成了一套给自己带来竞争优势的方法体系。

2. 采用了一套有效的资金管理系统。

3. 养成了遵守自己方法体系的交易纪律。

4. 清除了 "有害" 的个性缺陷。

以上列出了基本概况，你将注意到总共分为 3 个基本阶段。正如我经常说的那样，市场中许多事情都凑巧与数字 3 有关。例如，主要趋势可以被进一步细分为 3 个次要趋势，有 3 项关键的交易规则等。事实上，3 项关键的交易规则对应着交易者必须经历的 3 个阶段。

3 个阶段（从贪婪到恐惧再到风险导向）

虽然交易者成长必须经历的 3 个阶段已分别被命名为"贪婪导向""恐惧导向"和"风险导向"阶段，然而，我们对这些称谓不要过于从字面上去理解，它们仅仅是试图概要地指称上述 3 个关键阶段。

贪婪导向

第一阶段的主要特征是，无知者无畏以及认为市场是个"容易赚钱"的地方。真正驱使新手交易的情绪也许不是贪婪，通常是其他的情绪。一名成功的商人或者专业人士可能正在寻找新的挑战。同样，许多人可能正对自己的生活方式产生倦怠并想要找点新的刺激。另外还有一些人可能是嗜赌成性的赌徒。一名交易新手首先需要回答的问题就是自己的真实交易动机是什么。大多数人所做的大多数事情都是情绪化的，诸如买什么样的汽车、过什么样的假期这样的决定，通常都是建立在情绪基础之上的。只要想想自己为何会买现在开的汽车，为何会与某人结婚（或者不与某人结婚）就会明白。所以，我们介入市场之后仍旧会做出情绪化决定，也就毫不奇怪了。但这些情绪化的决定在市场中行不通，因为市场本身就像是一种情绪化动物，当市场情绪正在叫嚣"卖出"时，成功的交易者很可能正在买入。我们思忖一下那些试图通过市场交易摆脱倦怠无聊感的交易者，很清楚想到的一点是，当他们感到最倦怠无聊的时候会产生最强烈的交易冲动。没有任何理由可以证明情绪化的时刻正好会与市场交易的好时机相吻合。另外一些交易者因自尊心问题而感到痛苦，事实上我认为我们所有人都一直在遭受类似的痛苦。如果确实如此的话，那么与另一个人的争论就可能再次让某位交易者建立一个头寸，以平衡其有所降低的自尊感。

交易者要想取得成功，必须先解决上述所有问题。在我看来，交易者可以"看清"自己的唯一方式是通过使用一个非常机械化的"系统"，使得自己知道什么是应该做的。用这种方式，交易者能够看清何时自己的行为与交易系统不相符合，并且开始问自己为什么应该这样。通过这个过程，我们开始理解我们自己。我相信这是取得交易成功的关键前提。

由于上述这些问题以及其他一些问题，交易新手会亏损一大笔钱，从而导致内心的痛苦。许多人（可能是大多数人）会亏光所有的钱。关键的一点是，结果他们都变得战战兢兢、心怀恐惧。与此同时，他们开始领悟到第一个交易秘诀：截断亏损。这一概念的出现，标志着交易者从贪婪导向进入到了恐惧导向阶段。事实上，截断亏损可以视为对恐惧的一种反应。

恐惧导向

在这个阶段中，交易者开始使用止损，但止损位通常设置得过紧。交易者已经认识到，交易并不是件很容易的事，要做好交易需要付出许多艰辛的努力。许多人会在这个阶段中途受挫而淘汰出局，而那些坚持交易的人表现出了对成功应有的承诺与付出，但更大的考验还在前方，光有承诺通常是不够的。

对于人类这样的高等动物而言，恐惧导向是一种不可避免的天然本性。市场既不可怕，也不糟糕，并不难理解与相处。市场不过是它自身而已，它只是在自行其是罢了。带来问题的恰恰是我们对市场的认知和我们根据认知做出反应的方式。我们必须认识到只有我们自己（而非其他人）才对交易结果负有责任，尤其不应该让市场本身来替你负责。只有懂得承担责任时，我们才会开始取得胜果。如果我们认为自己的亏损是其他人的过失造成的，那么实际上就是在承认我们自己无

> 市场既不可怕，也不糟糕，并不难理解与相处。市场只不过是它自身而已，它只是在自行其是罢了。

法掌控交易。如果无法掌控交易，我们怎么可能会取得胜果呢？

因为我们需要解决存在的许多问题，所以恐惧导向阶段可能会持续很长一段时间。在市场中，恐惧是毫无益处的，因为胆小的资金永远不会赢。我们总是过早地截断亏损和兑现利润，交易表现为过于紧张和过快的行动。

风险导向

要成为风险导向交易者，我们必须在前面提及的所有方面都取得进步。例如，更深入地了解自己，改变需要改变的，更好地理解交易过程，调整交易方法体系以适合自己，学会放轻松地进行交易，这些都是必要的前提条件。大多数人应该立即将交易规模至少缩减一半，这样立马可以带来安心与轻松。

这个阶段之所以称为风险导向，是因为为了获取利润，你需要理解风险。交易是一项冒险事业，当你成为风险导向交易者时，你就与市场本质相契合了。

在这个阶段中，关键的交易秘诀是让利润奔跑。到了这个阶段，你可能开始在市场中取得稳定持续的利润。在达到这个阶段之前，你的交易数

量绝不应该超过最小交易单位，即单份合约。为什么要平白无故地支付更多的学费呢？

一旦成为风险导向交易者，你将学会最后一个交易秘诀：遴选交易机会。一旦对此熟练掌握了，交易就会变得不那么容易让你兴奋激动。我已能够稳定持续地赚钱，但仍旧发现自己偶尔会过于频繁地交易。为了熟练掌握如何遴选交易机会，你必须成为自己所选定方法的专家。方法中最关键的是，要过滤大量的市场信息并且只聚焦于那些你所需要知道的因素。

你必须决定自己需要哪些信息，并且设计自己的方法，然后运用于交易。

在狭窄的领域里成为专家比在宽泛的领域里成为专家要容易得多。市场信息的各种来源如此众多，以至于不可能将它们全部收集起来，更不用说成为处理全部信息的专家了。你必须决定需要哪些信息，并且设计自己的方法，然后运用于交易。一旦成为专家，你将会发现自己已成为一名直觉交易者，那一刻，你就能够选择最佳交易头寸和低风险交易机会了。之后，一切都将进入正轨。

55 个步骤（通往成功的个人历程）

以下是作者取得今日成就所经历的全部关键步骤之简要总结：

1. 我们对市场产生好奇心，并开始进行初步的阅读与研究。

2. 我们购买了一两本书或者订阅了一些专业期刊。

3. 我们发现自己非常喜欢某项技术，并且开始对如何使用该项具体技术进行了一些研究。

4. 我们开始涉足市场，时不时地进行交易，大部分情况下是亏钱的，但亏得不算太多，偶尔也会赚一点。

5. 我们通常会忘记亏损的交易并为盈利的交易感到高兴。我们相信自己一旦更好地掌握技术，就会减少亏损，并且增加或大幅增加盈利。

6. 我们用手工图表方式记录市场数据，那些图表在尺寸上可能会变得非常大，并且可能在其上面手工绘制一些技术指标（这种情况指的是在计算机尚未普及之前）。

7. 我们发现了一种自己认为稳赚不赔的市场交易方法。

8. 我们开始积极地进行交易。

9. 结果很清楚地证明，交易并不像看上去那么容易。我们对一些关键的问题尚未充分领会。

10. 我们继续交易。交易结果非常一般（甚至糟糕），但因为某些交易取得盈利，这足以使我们的兴趣不断高涨。

11. 我们继续期望有更好的结果。

12. 交易量越来越大，投入到市场中的资金量也在不断增加。

13. 我们继续阅读书籍和订阅专业期刊，但我们的研究只是停留在表面。我们对自己涉入的领域仍旧没有真正的思想。

14. 我们的分析技术取得了一次重大成功（在 1987 年全球大股灾中），但由于交易技巧的缺乏，使得我们真正获得的盈利要比本应该获得的少。

15. 市场开始逐渐让我们感觉到一丝丝恐惧，但我们尚未学到第一个关键教训。

16. 我们继续保持较大成交量的交易。我们正在过度交易，并且行为明显像个"违背平均律的亡命之徒"。接受教训只是时间问题。

17. 我们赚到了一大笔利润。由于一切都很顺利，我们开始变得过度自信。

18. 我们遭受了一大笔亏损，心理问题开始出现。

19. 我们购买了一台计算机，并开始监测更多的指标。

20. 我们研究其他的分析技术和其他市场。

21. 我们被淘汰出局。

22. 很明显，交易完全不像表面上看起来那样容易。

23. 靠交易谋生变得希望渺茫。

24. 同样明显的是，对于那些正寻求从交易中赚钱的人而言，当时（1987～1988 年）市面上可获取的信息并不是太有用。

25. 我们决定填补上述空白，考虑创办一个专业期刊来讲解交易原理。

26. 我们与一位美国的技术分析师合作。请注意，对于想要交易的人来说，这么做是非常不妥的，最好与一位交易者合作。

27. 我们继续交易，但次数与金额大大减少。

28. 我们开办了专业期刊并很快取得了成功。

29. 这需要进行许多研究，再加上许多自我分析，但那时对于"交易问题源于心理层面"这一点认识仍然不够清晰。实际上，在内在心理尚未正确确立之前，外在的东西（诸如交易系统、软件、计算机、经纪人、投资顾问等）几乎都是无关紧要的。

30. 我们被恐惧所困扰并且没有清晰的方法体系。

31. 我们逐渐认识到，妄断式交易（没有明确的方法体系）是一条行不通的死胡同。

32. 我们开始寻找一套适合自己的方法体系。

33. 那些在市场中能找到的方法体系似乎并不适合自己，因此我们着手设计自己的方法体系。

34. 我们开始使用一套明确的方法体系，这并不容易，但有些事情开始变得容易理解。

35. 我们发现自己常常在没有充分理由的情况下交易（这在我们拥有一套清晰的方法体系之前是不可能发现的），然后意识到这可以归因于前面提到过的那些原因。自尊心在这方面起到了很明显的作用。

36. 我们认识到交易中的关键因素是自己的心态。

　　　　　现在我们开始取得真正的进步了。

37. 我们改进自己的交易系统并且开始通过单份合约交易赚到一些钱。

38. 可是我们仍旧心怀恐惧，这依旧是个大问题。早些时候，我们懂得了截断亏损的必要性。但在解决恐惧问题之前，我们无法掌握第二项交易秘诀——让利润奔跑。

39. 我们继续交易并且做得很不错，我们开始获得更多自信并且恐惧开始渐渐消散。

40. 我们又遭受了一次重大打击。

41. 我们感觉很糟糕并且想到自己可能应该考虑放弃了，甚至在想也许本应该在多年之前第一次情况变得糟糕时就放弃。

42. 我们继续交易并且决心下一次不再犯过度自信的错误了。我们强化了自己本应该早就掌握的心理压力管理系统的运用，并且坚持沉思冥想（这对成功交易非常必要）。我们认识到保持谦逊和做个"空杯子"的重要性。如果你头脑里装满了自以为是的东西，那么学习其他东西就不再有空间了。

43. 我们遇到了另外一位交易者，他成为我们的导师。他向我们介绍了一种直接"适合"使用的新技术（市场剖面图）。这是因为我们现在拥有了正确的心态。

44. 我们不断地取得成功。交易系统得到改善，交易结果得到改善，心态也得到改善，恐惧不再成为问题。

45. 我们决定去拜访一名交易教练或者说心理学家（艾德里安娜·托格雷伊），并且在瑞士第一次一起见了面。

46. 我们通过让利润奔跑赚得了一大笔利润。我们已经成功地做到了所有成功交易者必须做的事情。我们是否能够转述这样的诀窍？

47. 我们开始远离恐惧，开始成为风险导向交易者。

48. 我们认识到心态决定一切。我们明白心情放轻松至关重要，再一次缩减了头寸规模！

49. 我们花了几天时间在美国参加由交易教练（心理学家）领衔的团队合作练习。

50. 我们开始稳定持续地赚钱。

51. 我们又一次感到有点过度自信了！但这一次我们意识到了自身的问题并且控制了损失。我们再次学会了要保持谦逊。

52. 有些时候，我们开始近乎下意识地进行交易。我们渐渐成为专家。

53. 我们知道仍旧会有许多挑战在前方，但我们有信心能够妥善应对它们。

54. 钱再也不是一个问题，我们真正地生活在一个丰裕的世界中。

55. 我们发现自己的生活得到了全方位的改善，我们正在更宽广的人生领域上取得成功。

· 小 结 ·

■ 理解交易者同一成长过程的两种不同方式：交易者进阶历程和 55 个步骤。

■ 从"贪婪导向"到"恐惧导向"再到"风险导向"：贪婪导向导致亏损并使交易者变得心怀恐惧；之后他们需要付出坚持不懈的努力并不断提升技巧，最终成为风险导向交易者。

■ 55 个步骤（还包括本书中提及的每一个错误）展现了作者一路走来直至取得今日之成功的典型历程。

第 3 章

人 类 大 脑

在本章中，我们将探讨两个大脑模型。这两个大脑模型有助于我们分析交易者对市场的行为反应方式以及做出如此反应的原因。

1996年，我刊发了由托尼·普卢默撰写的系列文章，该系列文章的题目为《受困扰的交易者》（参见附录B）。这些文章基于"三位一体大脑"（triune brain）概念。我也阅读过比尔·威廉斯的《证券混沌操作法》（*Trading Chaos*）[⊖]一书，该书提出了另外一个大脑模型，称为"三部分大脑"（three part brain）。这两个大脑模型都有助于思考交易者行为，因为它们既显示出了交易者在交易中存在的问题，也提示了解决方法。

实际上，比尔·威廉斯会觉得用这样的方式看待其模型是错误的。他认为问题不需要解决而需要超越。我个人认为这些模型至关重要，它们使得我更进一步地提出了交易金字塔模型。也许这就是超越问题的一种形式。

⊖ 该书第2版的中译本已由机械工业出版社于2014年出版。——译者注

　　本章的背景读物是马克·道格拉斯的《自律的交易者》(*The Disciplined Trader*)，以及托尼·普卢默的系列文章（参见附录 B）和比尔·威廉斯的《证券混沌操作法》。

　　首先，让我来解释一下《证券混沌操作法》中的一些概念。传统的"问题"解决方式可能会产生钟摆效应。许多交易者通常所经历的交易纪律怪圈（the discipline loop）就是钟摆效应的一个简单例子。例如，我们通过遵循自己的交易方法体系养成交易纪律，我们开始赚到很多钱，之后我们会过度自信，然后开始违反交易纪律，我们的表现开始变得糟糕，吃了亏之后又开始谦逊起来，再一次重新学会交易纪律，又开始表现良好，然后再一次变得过度自信，如此循环反复。钟摆效应会在现实世界中一而再，再而三地出现。为了取得成功，我们必须摆脱这种状态，这就意味着我们必须超越这种状态。比尔·威廉斯称"问题解决"过程为"Ⅰ型结构"，而称"问题超越"过程为"Ⅱ型结构"。

　　比尔·威廉斯将上述两种结构的区别类比为欧几里得几何学和新的"混沌学"方法之间的不同。实话实说，我发现在他书里关于交易与混沌理论之间的联系从某种程度上来说是单薄的，但也包含了一些出色的内容。书中有大量关于"分形"的内容已被关注讨论了许多年。

大脑结构

　　现在让我们再回到人类大脑的话题上来。托尼·普卢默的大脑模型由三部分组成：本能体、情绪体和思维体（参见图 3-1）。由于我们是从原始沼泽地里进化而来的，或者说我们来自那里，上述三部分是依次形成的。因此，脑干源于爬行动物的遗传，并且已经有上百万年的历史，它产生我们的本能冲动。大脑边缘系统源于我们作为哺乳动物的遗传，它涉及情绪投入，这部分也非常古老。比较新的那部分称为"新皮质"，它涉及反思过程和想象。

问题就在于，交易过程会触发许多本能和情绪反应。由于这些反应根深蒂固地植根于大脑功能之中，导致我们自身难以驾驭它们。因此，原本一项简单的活动（交易）要想做好它就

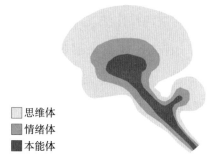

□ 思维体
□ 情绪体
■ 本能体

图 3-1　三位一体大脑

变得非常困难。事实上，这的确引起了一种看法，即通过交易，我们正试图把方的楔子（自己）塞进圆的洞里（交易环境）。然而，可能确实如此。我将证明，我们通过这么做会对自身增加许多了解，整个过程（尽管有时可能会感到不舒服）也是极其有价值的。金钱可能只是我们所取得的收获中最小的那部分。

由于托尼·普卢默的文章里对三位一体大脑模型有完整的阐述，所以我在这里只是相当简略地对该模型进行了介绍。

比尔·威廉斯所提出的三部分大脑模型与上述三位一体大脑模型有很大差别，因此也产生了不同的观点。他将大脑结构分为三个部分：脑核、左脑半球、右脑半球。他没有将注意力特别地聚焦于各部分的弱项方面，而是更多地聚焦于它们的强项方面。这和他提出的Ⅱ型结构（即超越问题）思维是相符合的。

为了对许多细节性的内容（了解具体内容推荐阅读比尔·威廉斯的原著）进行概括，上述三部分的功能可以归纳为："白痴"的左脑半球只拥

有非常有限的能力，但它为脑核提供"编程"功能，而脑核负责执行那些需要做的事情。任何一刻，都会有上百万比特的即时信息涌入脑中，"白痴"的左脑半球（通常情况下由其掌管着大脑）只能够处理大约 16 比特的信息，而脑核可以一股脑儿地将大量信息处理完毕。因此，我们之所以能够下意识地把事情做得很好，是由于左脑半球已经训练强大的脑核去做好这项工作。

左脑半球"掌管"着大脑，而充满着恐惧的自我（the ego）也栖居在这里。"自我"之所以会充满恐惧主要是因为害怕自身会变得多余，无法再掌管大脑了。所以自我总是在忧虑，原因在于如果有事情可以忧虑，那它感觉自身仍旧是被需要的，尽管这可能是虚幻的。

那么右脑半球又是如何呢？它是 3 个 I 的来源地，所谓 3 个 I 就是灵感（inspiration）、直觉（intuition）和想象（imagination），可能还包括洞察（insight）。有人说右脑半球的力量是无穷的，它与"神性力量"（你愿意怎么称呼就怎么称呼）有着直接联系。

在比尔·威廉斯的模型中（从许多方面来说它是一个比较吸引人的概念——我们可能会发现自己比较相信它，因为我们相信自己想要相信的东西），大脑中蕴藏着巨量的资源，我们必须通过超越自身现状来充分利用它。

三位一体大脑概念也可以纳入比尔·威廉斯的模型中，大体上是将脑核和左脑半球进一步划分，只不过三位一体大脑的第三部分思维体也包含了右脑半球的部分功能。但普卢默的文章聚焦于我们大脑结构所引发的问题，而不是讨论如何超越这些问题。

我个人感觉，三位一体大脑概念以及交易中引发的问题是不证自明的。那些已从事过交易的人也都非常熟悉这些问题。我们不需要讨论这个概念正确与否，因为我们就是如此这般。

我们也许会说，它只是一个模型而已，仅仅是作为真实实在的一种表征。也许它只是一个有用的谎言，一个对我们而言有用但并非"事实"的概念。实际上，是这样的，然而所有事物皆是如此，包括你坐着的椅子和你正拿在手里的书。所有在你脑海里的事物都只是事实的一种表征。

比尔·威廉斯的三部分大脑也许稍微有点复杂，但有大量证据表明它的存在以及有用性。当我们学骑自行车时，我们经历了使用白痴的左脑半球试着骑车而不停摔倒的过程。最终，脑核得到了充分训练，之后骑行就变得很顺畅了。实际上，即使有一天从自行车上摔了下来，我们也会把它作为意外插曲而忽略。我猜想，我们都曾有过这样的经历，开车上了高速公路但无法记起之前几英里是怎么开过来的。这是因为脑核已经为我们做好了这一切。右脑半球处于主导控制地位的经历则不太常见。

比尔·威廉斯解释了我们如何知道大脑的哪一部分处于主导控制地位：

你脑海中的栖居者（大脑的三个部分）最有趣的特征之一是你总是可以立即分辨出是哪一个正在下指令。此刻你看待世界的方式将确切地告诉你，自己大脑的哪一部分正处于主导控制地位。如果此刻你的生活是一场辛苦的挣扎，你关注着时间的流逝和语言的表达，你非常想要做正确的事情，并且（或者）你没有感到快乐，那么一定是你的左脑半球处于主导控制地位。此外，如果你的生活是一连串的起起伏伏，你身体上感觉良好，并且感到很愉快，那么你的脑核正在主导运作。如果生活绝对是一件美事，世上所有一切都看上去恰好与你所想要的相符合，那么你正处于右脑半球掌控之中。

在《证券混沌操作法》中，有一张关于交易环境下大脑三个部分之间
如何互相作用的图示（参见图 3-2）。如果只用右脑半球进行交易，那么你
的交易管理会很糟糕，你将会亏损。如果只用脑核进行交易，你将会草率
鲁莽。如果只用左脑半球交易，你将会担惊受怕。如果左脑半球不参与交
易，你将无法积累经验；如果脑核不参与交易，你将无法建立信心；如果
右脑半球不参与交易，你将无法拥有直觉。当大脑三部分全都共同和谐运
作时，你才会达到比尔·威廉斯所说的"一致性获利"（profit unity）境界。

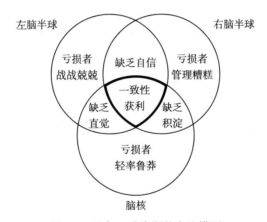

图 3-2　比尔·威廉斯的大脑模型

资料来源：Williams, B（1995）*Trading Chaos*, © John Wiley & Sons, Inc. Reprinted with permission.

《证券混沌操作法》

《证券混沌操作法》书中的内容安排旨在引领你达到那种境界。书中
提出了交易水平提升的五个阶段，每个阶段包括不同的目标和帮助你实现
上述目标的工具。这五个阶段分别是：初学者、进阶者、胜任者、精通者

和专家。五个阶段的目标也是各不相同的，分别是：亏损最小化，在单份合约交易上稳定持续地盈利，利润最大化，依据自己的信念系统进行交易，依据自己的心智状态进行交易。每个阶段都用更好的工具来实现这些目标。在当前语境中，工具指的是分析技术加上你自身的内在能力。

此书并没有告诉你如何去开发自己头脑的巨大潜能。开发头脑巨大潜能是所有时代里的神秘主义者和心灵大师共同追求的目标，但这个目标也许是被过度期望的。不过你若想要一睹圣杯（the Holy Grail）[⊖]的真容，请照照镜子就能看到！

我之所以写这一章的内容，乃是因为我相信如果我们对自己有更多的了解，那么将更容易在市场中取得成功。本章的内容可能看上去是不够完备的，而我们作为人类，要想对自身有一个全面的理解（如果可以实现的话），还需要几十年甚至几个世纪的时间。所以不要指望有任何确切的答案，并且这些答案未必令人满意。你所真正需要的是能够指引你在正确方向上前行的微妙路标（也许这样的路标还应该针对大脑其他部分而不仅仅是左脑半球），我希望本章能够对此有所帮助。

⊖ 在西方亚瑟王的传说中，寻找圣杯是骑士的最高目标，得到它可以获得神奇的力量。——译者注

·小 结·

■ 我在本章讨论了两个人类大脑模型。

■ "三位一体大脑"（参见附录 B）解释了我们常常会把交易弄得一塌糊涂的原因。

■ 比尔·威廉斯的大脑模型向我们提供了如何让自己的大脑以优良状态运行的指南。

■ 三位一体大脑由情绪体、本能体、思维体三部分组成。所有这三部分在我们的生活中都发挥着至关重要的作用，但在进行市场交易时，情绪和本能这两者可能具有非常强的破坏性。

■ 比尔·威廉斯模型更多的是基于生理学层面的，也是由三个部分组成，即左脑半球、脑核和右脑半球。左脑半球负责管理和学习；脑核负责操作能力；右脑半球负责直觉、灵感和想象。正如比尔·威廉斯所指出的，当这三部分全部都和谐地运作时，我们将达到"一致性获利"的境界。

第 4 章

你自己：金字塔第一层

当我们对自己说谎时，谎言说得最为响亮。

——埃里克·霍弗（社会学名著《狂热分子》作者）

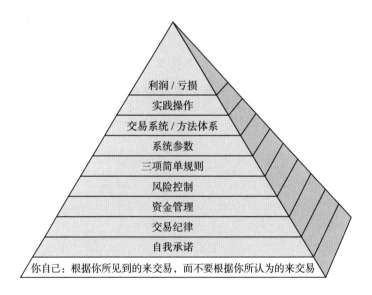

利润/亏损

实践操作

交易系统/方法体系

系统参数

三项简单规则

风险控制

资金管理

交易纪律

自我承诺

你自己：根据你所见到的来交易，而不要根据你所认为的来交易

市面上存在着许多关于市场和交易方面根本性的错误想法。我在分析方面有一定的天赋，我也希望自己在交易方面拥有更多的天赋，但未能得偿所愿。我虽然依靠自身能力但并非完全因为这些能力才达到现在的水平。但分析能力确实对我帮助良多，因为我现在已经理解市场并且知道如何从市场中赚钱。如今我正稳定持续地盈利，并且利润在不断地逐年递增。

本书尽量呈现出最精要的内容，我把要点概括为以下几点。

1. 你可能认为市场存在于某个外在空间。**大错特错**！你如何看待市场的想法是你自己独有的，并且只存在于你的头脑之中。为了赢得利润，你必须确保自己关于市场的观点是"有用的"并且充分发挥其有用性。

> 为了赢得利润，你必须确保自己关于市场的观点是"有用的"并且充分发挥其有用性。

2. 你可能认为你清楚地知道自己关于市场的观点。**大错特错**！你所看到的是被情绪风暴遮蔽着的东西。当你持有交易头寸时，情绪风暴可能会吹得更加猛烈。

3. 你可能认为交易是一件容易的事情，只不过就是低买高卖而已。**大错特错**！事实上，交易的确不难，但也并不容易。而我们带进市场之中的情绪问题将会使得获胜机会变得渺茫。

上述三条概括了你自身正面临的问题。在平常的各行各业中，这类事情要么不会发生，要么我们会很快学会避开。市场则不同，它永远不会重复做同样的事情。因此，某天某个具体的策略很奏效，但下一次可能就不再奏效了。让我们将这种情况与普通的日常行为（如街头散步）进行一番比较：在现实生活中，如果撞到一根电线杆，你立即知道自己需要绕开它走；但在市场情境中，就如同你靠近电线杆时它一直在移动，你永远也无法确定自己是否可以绕开它。

你所能做的事情就是养成精神自律（mental discipline），它使得你即使撞上电线杆，情况也不至于太糟。

本章的标题是"你自己"，这是因为你是自己交易方式背后最基本的因素。如果对照图 1-1 所示的金字塔模型，你将会看到"你自己"构成了金字塔的塔基。这是因为你必须形成一种适合你自己的交易风格。除此之外，别无他法。

交易经验

如果你去有交易类书籍的书店翻阅一会儿，就会很快发现有许多人写书是为了赚取你来之不易的钱，作者可能会告诉你他们如何在市场中交易，尽管在许多情况下这些作者实际上自己并没有做交易（但这是另外一个问题了）。现在假设，这么多书里面可能有一本是适合你的，但究竟是哪一本呢？这是个不容易回答的问题。除了学习应该运用的分析技术，你还必须学习交易技巧，这部分基本上占了交易游戏本领 95% 左右的比重。这需要花费时间。不要期望能够在交易中获得迅速成功，你必须耐心学习这件事情，就像学习其他事情那样。当你这么做时，你就有了一件简单的任务，也就是交易的第一个秘诀。与所有伟大秘密一样，这个秘诀也是众所周知的。因为要让某些东西成为秘密的最好方式，就是使得所有人都认为它根本不算是个秘密。但大部分交易新手都会在此处摔跟头，在这个阶段他们自己把自己踢出局。我现在不打算复述这个秘密，因为这么做将会削弱它的重要性。这个秘诀，加上另外两个，我将以贯穿整本书的方式揭示出来。当听到这些秘密时，你其实早就"知道"它们，但这一次也许它们将会对你产生足够的影响，从而使你做出改变。这就是我所要的结果，我所说的话有助于你做出改变，也有助于提升你的交易成绩。

为了介绍交易经验，我们必须审视自己的内心，因为所有一切都发生在我们内心之中。交易中的确存在一些简单的规则，但在谈论这些规则是什么之前，我认为强调以下三点非常重要。

1. 在交易环境中，不存在绝对的真理。在任何一种情况下，我们都无法知道什么是"正确"的事情，并且对于某位交易者"正确"的事情对另一位交易者而言则可能是错误的。因此，我们必须构建适合自己的"有用的信念"。

在交易环境中，不存在绝对的真理。

这类似于科学家在处理量子力学问题时所采用的方式。根据当下的理论（或者说有用信念），构成所有物质的基本单元是夸克，但人们却发现它是没有质量的。物质的基本单位怎么会是没有质量的呢？因此，"有用的信念"的另一种说法就是"有用的谎言"。任何不是真理的东西，都可以被称为谎言，虽然这样的定义并不一定能够被广泛接受。

2. 鉴于我所说的一切并非铁板钉钉，因此很重要的一点是你应当去发现你自己的"有用的谎言"，而这些"有用的谎言"将构成你的交易哲学基础。

3. 同样的道理，你应该根据自己的个性引导自己寻找到正确的方法，不要像许多人那样被广告文案所引导。问一问自己："对于我而言，什么是正确的？"然后着手寻找并得到答案。

那么一些简单规则究竟是什么？依我之见，它们就是如下几条：

1. 始终要限定自己的亏损。

2.努力确保自己的平均收益至少是平均亏损的 2.5 倍。

3.致力于发现一种给予自己特定竞争优势的方法。

4.确保对自己的交易方法感觉安心。这涉及自我发现，可是许多人都回避这样的事情。揭开外层，里面的那部分内在本性其实通常都是很不错的，外面几层可能稍微有点让人感觉讨厌。

5.学会让利润奔跑。

6.学会遴选交易机会。

7.学会控制自我伤害行为。

· 小 结 ·

- 你自己——之所以成为交易金字塔最底下的第一层是因为整个金字塔必须建立在你的个性之上。

- 我们每个人看待市场的方式都是独一无二的，并且我们需要确保自己的认知是"有用的"。

- 关键的交易"秘诀"都是众所周知的。

- 在交易环境中不存在"绝对"的真理。

- 本书中所讲的内容没有一项是铁板钉钉的，你必须找到自己的成功之路。

- 不要受广告文案的引导。先决定你需要的是什么，然后行动起来并且实现它。

- 通往成功之路需要遵守 7 项简单规则。

| 第 5 章 |

自 我 承 诺

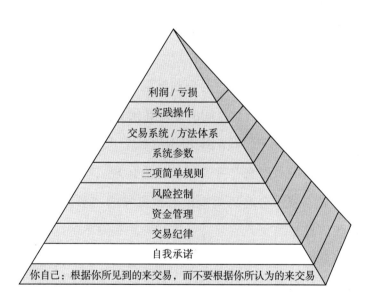

对于许多交易者而言，市场是一台随机事件的发生器。在许多情况下，它会让人抓狂。如果你想成为赢家，承诺付出是非常必要的一种品质。

市场的本质

市场究竟是不是这样一台发生器，取决于你对市场的认知。例如，如果你选择依靠精确算法（使用诸如随机指标、移动平均线等精确公式）从事市场交易的话，那么你所依赖的完全是市场呈现给你的东西。在这种情况下，它的确就是一台随机事件发生器。但是如果你选择去审视某些蕴含"意义"的东西，那么市场将不仅仅是这样一台机器。然而，人们正在使用的大多数图表形态之类的东西是毫无意义的。以下两点事实可以证明我的观点：

1.某个理论若具有意义，它的预测结果正确率必须超过半数以上。严格来说，正确率与"五五开"之间的差值必须具有统计学意义。

2.在非常多的情况下，我们刚识别出某个"形态"它就马上中止了。实际上，这个所谓的"形态"一开始就没有出现。只不过市场（其具有随机事件发生器的功能）会凑巧呈现出各种各样的"形态"，但这并不意味着它们具有任何意义。

我是通过艾略特波浪理论对市场产生兴趣的。该理论是我所认为毫无意义之物的一个好例子。该理论相当笼统，以至于许多随机事件都可以符合其标准。有些有效，有些却无效，我怀疑正确率远远不到50%。但我发现自己如今已被艾略特波浪理论所灌输（参见附录E），再也无法摆脱其影响，因此我已学会适应它。现在我确保自己只接受叠加在其之上的并具有意义的信号，例如市场剖面图中的价格未延续形态（参见第 18 章）。

究竟什么是有意义的？以我的观点，关于市场可以表述的唯一事实是：

在所有时间框架⊖中，市场价格都会从某个极端价位到达另一个极端价位。

市场是人类心理的显现，由恐惧与贪婪驱动。市场的高峰期受贪婪驱动，低谷期则受恐惧驱动。对于非常长期的极端价位来说，这一点看上去很明显。恐惧常常可以用"血流成河"来形容。贪婪则是如此普遍与寻常，以至于没人能够意识到它是什么样子的。但如果置身事外观察，它看起来就会很明显。在较短期的价格运动中并不太明显，但它仍旧存在。在价格达到极限价位时，关键在于价格已经被不切实际地扭曲。为什么会这样？因为交易者抑或投资者过于昂贵地买进，或者过于便宜地卖出，而这些都是情绪化的决策。为了取得胜果，你必须让自己摆脱情绪纠缠。

极端价位是可以被探测的，我已经建立了一系列策略用来辨认它们（参见本书第二部分）。

市场剖面图

还有其他的分析技术可以为我们所用，那就是彼得·史泰米亚（Peter Steidlmayer）提出的市场剖面图理论。这个概念非常简单，它是借助钟形曲线建立起来的。钟形曲线能够将混沌转化为有序。市场剖面图是显示市

⊖ 时间框架（time frame）是交易理论中极其重要的概念，我们用周线图来分析市场走势比用日线图来分析市场走势所采用的时间框架要大，同理，我们用日线图来分析市场走势比用分钟线图来分析市场走势所采用的时间框架要大。同一市场同一时期内的价格运动用不同时间框架的图表来描绘，会展现出不同的形态面貌。——译者注

场价格运动的另一种方式。其他的方式还有：

1. 报价屏；

2. 线图；

3. 分时图；

4. 点数图；

5. 蜡烛图；

6. 各类指标。

上述一切（以及其他，因为并未全部穷尽）以不同的方式显示着同样的事情。无论采用何种方式，你都会丢失一部分信息而突显出另一部分信息。在某种程度上，这是你第一个需要决定的关键点。对你而言，观察市场价格运动最有用的方式是什么？这个极端重要问题的答案取决于你打算如何去交易以及你这么做需要看到什么。请不要本末倒置。先决定你想要的东西，然后着手去得到它。不要因为别人把东西兜售给你你就接受，然后再让自己适应它，这是一条南辕北辙的错误道路。顺便提一下，在现在的软件中，你通常可以将上述不同的价格运动表示方式在同一个显示屏中显示出来。我的软件能够将上述所有的方式都显示在同一个显示屏上，而且软件的价格并不贵。但我并不全部使用它们，因为我明白没有这个必要。

市场剖面图有许多关键概念，在我心目中最重要的概念是价格未延续形态。价格未延续形态纯粹是一种显示市场中存在决然式买入或卖出行为（determined buying/selling）的分析技术。与其他最有用的分析技术一样，它也非常通俗易懂。事实上，我想说的是，如果某样东西不能让人清楚地知道

> 如果某样东西不能让人清楚地知道为什么它会管用，也许它就不管用！

为什么它会管用，也许它就不管用！价格未延续形态多种多样，但我认为最重要的形态是在最高点或最低点出现的价格长钉形态。事实上，我自己的大部分交易都是在出现价格未延续形态时进行的。关键的概念在于价格未延续形态显示出了价格在某个价格区域被迅速拒绝。你可以把止损位设置在超出该价格区域外侧的地方，这样做会相对安全。如果你想要绝对安全，最好退出市场并且去找 Securicor 公司⊖。跳空缺口也是价格未延续的一种形式，但我不是非常喜欢跳空缺口，因为市场将会努力闭合所有跳空缺口。原因很简单：任何市场的目标都是为了使交易最大化。你可以通过观察那些运营市场的人以及他们如何获得收入来理解这一点。就期货市场

> 任何市场的目标都是为了使交易最大化。

而言，它由交易所（英国富时指数期货对应伦敦国际金融期货交易所，标准普尔指数期货对应芝加哥商品交易所）、经纪公司及做市商等共同组织与运行。交易越多，他们就赚得越多，所以这就是市场的目标。为了使交易最大化，市场必须在全部价格水平上发生交易，因为在每个价格水平上都会有相应的买家和卖家。或者说，在每个价格水平上都可能会有相应的买家和卖家，因此市场必须去探测一番——如果是有效市场的话。因此，跳空缺口将会被闭合，至少在那些交易活跃的市场里，例如富时指数（FTSE）期货市场。在 FTSE 现货市场上这样的情况没有那么多，因为对于现货市场来说，FTSE 仅仅是一个指数，它实际上并非交易标的。事实上，自从引入了轰动性的股票交易所电子交易系统（Stock Exchange Electronic Trading System，SETS），FTSE 现货市场就不再出现跳空缺口。

⊖ 英国最大的安保公司之一。——译者注

·小 结·

■ 如果你遵循一套精确的交易系统，那么市场可以被视作一台随机事件发生器，它的确就是如此。

■ 要想取得成功，你必须承诺付出努力。通往成功的路上有许多陷阱，那些缺少自我承诺的人将很容易打退堂鼓。

■ 在所有时间框架中，市场价格都会从某个极端价位到达另一个极端价位。这是我们关于市场拥有的唯一绝对真理。

■ 观察市场价格运动的不同方式都会突显出某部分信息，同时最小化或剔除其他信息。

■ 市场剖面图和价格未延续形态是观察市场价格运动时具有意义的方式，因此可能会比其他技术更有用。

■ 市场旨在使交易发生并且使交易最大化。你最好始终谨记这个基本事实。

| 第6章 |

交 易 纪 律

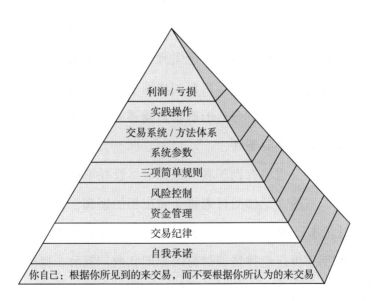

利润／亏损

实践操作

交易系统／方法体系

系统参数

三项简单规则

风险控制

资金管理

交易纪律

自我承诺

你自己：根据你所见到的来交易，而不要根据你所认为的来交易

交易金字塔中"自我承诺"层之上是"交易纪律"层。据说（也的确是真的），缺乏交易纪律你将无法取得任何进步。理由很简单，并且可以从不同的角度来诠释。首先，没有交易纪律你将无法遵循你自己的方法体系，实际上你也就没有任何方法体系，因而你将注定进行情绪化交易，而这绝非制胜之道。其次，你将不具备自律能力来克服自身的情绪和本能。虽然在某种程度上这两方面原因是相互重叠的，但后者远远要比单单执行方法体系范围更广。

这里存在一个大的疑问，就是如果你本来没有交易纪律，是否可以培养出交易纪律？我相信答案是"是的，你可以"，但你必须要有必要的承诺与付出。

很显然，纪律是可以培养出来的，要确证这一事实你只需要看看军训程序就可以知道了。军训是由一个庞大且经验丰富的组织来对你进行强制实施的，并且准备做一切有利于目标实现的事情。这不同于你待在自己舒适的家里而且还被各类让你分心的事物萦绕着的情况。很显然，自律将是启动纪律培养过程的必要条件。

然而，市场本身也将有助于养成纪律，尽管并不像它原本可能的那样有帮助。最终，不遵守纪律的行为将受到市场的惩罚，要么是通过直接的亏损，要么让原本已到手的利润化为乌有。因此，坚持从事交易的个人交易者可以得到有助于促进纪律培养过程的外部刺激。但由于随机强化原理[⊖]，市场的帮助并没有像它原本可能的那样显著。我将会在后面再来讨论这一点。市场倾向于时不时地奖赏错误行为。在某一次交易中管用的方法可能

⊖ 源自美国心理学家和行为科学家斯金纳等人的强化理论。所谓随机强化，指的是正确的行为未必得到正确的结果，错误的行为未必得到错误的结果，从而导致难以建立正确的行为模式。——译者注

在下一次就不管用了，即使是那些"最佳"的交易实践操作也会如此。同样的道理，坏习惯却可能会时不时地带来收益。这一关键事实是我们花这么长的时间才能够学会交易的原因之一。

交易纪律与交易金字塔

让我们在交易金字塔的框架下考察交易纪律。我们已经讨论过金字塔中各层之间是如何相互作用的。现在，我想要聚焦于考察这种互相作用是如何与交易纪律相关联的。在做自己喜欢做的事情时遵守纪律和在做自己不喜欢做的事情时遵守纪律之间存在着很大的差别。例如，如果你喜欢某项特定的体育运动，比如网球，那么你可能会发现自己在击球、计分、比赛礼仪以及其他方面都很容易遵守纪律。这毫无问题，因为你乐于做整件事情。但假如你必须去钓鱼而你无法忍受，你是否还能够在装鱼饵、扔钓线、耐心地坐等鱼儿上钩等方面也同样遵守纪律？不，你做不到。你也许会草草了事，当你需要静止不动时也许还会焦躁不安。对于交易也同样如此。如果你发现了适合自己的方法，那么它将比较容易得到遵循，这样你就可以避免试图把方的楔子（你自己）塞进圆的洞里（自己的交易方法）。这一点适用于金字塔的每一层。资金管理系统的设计目标是为了确保资金安全，从而使你能够心态放松地进行交易，这种情况下相对比较容易遵守纪律。风险控制也起到同样的作用，它完全就是为了能够使你在交易过程中感到安心，同时培养你把亏损保持在可控范围的技巧，这进一步使得交易者处于较为安心的状态下。再上面一层是三项简单规则，这几条规则的逻辑是无懈可击的。然而，我们必须学会如

> 如果你发现了适合自己的方法，那么它将比较容易得到遵循。

何使用它们，这很费时间，尤其是学会让利润奔跑。毕竟截断亏损所需的技巧与那些让利润奔跑的技巧几乎正好相反。前者需要细致的监测和快速的行动（也许你可以采用市场止损来实现这一点），而后者则需要更为宽松的方法避免被震荡出局。因此，一个是主动寻求离场，另一个则是被动寻求留在市场之中。一旦你已学会主动地寻求离场，那么你怎么才能彻底调整自己的视角去做好相反的事情？这需要时间。

一旦学会了如何去运用这些规则，就很容易知道我们可以如何更心态放松一些，因而也懂得如何更加遵守纪律。有些读者可能感觉把"心态放轻松"和"遵守纪律"这两个词联系起来有点矛盾，或者说不相匹配。我不这么认为。在我看来，心态放轻松是"容易遵守的纪律"之本质。你不需要时时刻刻紧张兮兮地集中注意力去遵守纪律，你只需要能够以特定的方式做特定的事情即可。这些事情越容易（因为是你选择的），你的经验越多，很明显，它们也就容易做好。

系统参数

现在让我们来谈谈系统参数。要发现这些参数会花费一定的时间，这并非是因为参数本身具有某些特定的魔力，而是因为你需要在判断哪些参数适合自己之前，先对自己有充分的了解。在这个过程中，存在着一条反馈回路。一旦你开始使用一套比较精确的方法体系，那么反馈回路就建立起来了。在此之前，大部分的交易者只是在原地打转而已。一旦开始使用一套方法体系，你就会开始对自己加深许多了解。这是因为你开始明白自己的方法体系什么时候会遇到困难。你被迫停下来问自己："为何我没有进行那笔

为何我会进行这笔交易，而按照我的方法体系是不应该这么做的？

交易?"也许更重要的是:"为何我会进行这笔交易,而按照我的方法体系是不应该这么做的?"许多情况下,你会发现自己具有某些毫无益处的先入之见,你还会发现自己具有某些莫名其妙的交易冲动,尽管那些冲动交易与赚钱无关,却与各种自己尚未学会如何控制的情绪有关。至少这些都曾是我的亲身经历。

通过这些使你更了解自己的反馈,你能够修正自己的方法体系。这个过程将循环往复许多次,最终让你发现那些对你自己真正有用的东西。它们对于其他人而言并不一定有用。这就是我总是对那些宣称拥有天机不可泄露般市场"秘诀"的人持怀疑态度的原因。在我看来,这样的宣称表明对整个交易过程存在误解,尽管我能理解为何有人不想泄露他们的整套方法体系。以"你的方式"进行交易的人越多,该方式就越可能失效。但即便如此也并非确凿无疑,因为任何一个参考其他人的方法体系的交易者都倾向于对别人的方法做出修改并以自己的方式进行交易。然而,在这方面碰运气毫无意义,为什么要冒这种风险呢?

·小 结·

- 遵守交易纪律是必要的,因为没有它你将不能遵循自己的方法体系或控制自己的情绪与本能。
- 培养交易纪律就像是锻炼肌肉那样,是一个循序渐进的过程,但形成适合自己的方法有助于实现这样的过程。
- 市场常常以随机强化的方式奖励"坏"行为而惩罚"好"行为。当实验室里的小白鼠被以这种方式对待时,它们疯掉了。
- 交易纪律与金字塔其他各层之间的相互作用表明,在符合我们自身个性的前提下构建金字塔所有层次是十分重要的。

第 7 章

资 金 管 理

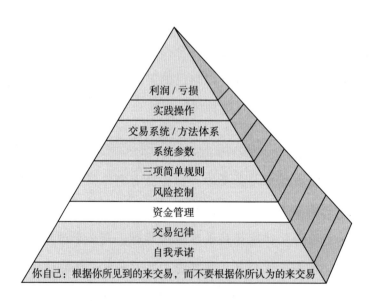

利润 / 亏损

实践操作

交易系统 / 方法体系

系统参数

三项简单规则

风险控制

资金管理

交易纪律

自我承诺

你自己：根据你所见到的来交易，而不要根据你所认为的来交易

我常常在我主办的《技术交易员》上强调，资金管理远远要比技术分析更重要，但我未曾给出一个实例来说明资金管理是如何发挥作用的。安排本章就是特意弥补这一缺失的。

要证明资金管理远比技术分析重要其实很容易。完全缺乏资金管理意味着交易者在每一笔交易中都拿全部资金来冒险。你也许拥有世界上最好的技术分析系统，连续 99 次交易都能判断正确，但第 100 次交易可能会让你淘汰出局。另外一种可能是，你也许拥有世界上最差的技术分析系统，在这种情况下，一个好的资金管理系统将迅速揭示一个事实，它能够使你的资产风险最小化。因而，如果连续 10 次交易都出错，你仍旧只损失 10% 的资金！因此这就可以很清楚地表明资金管理和技术分析哪一个更重要。资金管理避免技术分析（或交易系统）走错方向。

从上面我们可以得出的推论是，重要的不是进场方式而是离场方式。显然如此，因为离场决定了你的整体风险、整体利润和对交易的整体掌控。不过这是一条颇具争议的意见。如果进场不那么重要，为何所有交易者都花费这么多时间在这上面。对这个问题的回答是，他们都被误导了。很明显，进场也是重要的，但没有交易中的其他因素重要，尤其是没有资金管理和风险控制重要。一言以蔽之，你的进场不会让你淘汰出局，但离场方式却可以；你的进场不会给你带来利润，但离场方式却可以。

重要的不是进场方式，而是离场方式。

资金管理应用

在实践操作中如何应用资金管理呢？对此，我将用我的一项交易服务作为例证来进行说明，在其背后体现了资金管理规则，它广泛地适用于任何交易方法而不仅仅是该系统。任何隐藏在可盈利方法背后的最基本因素，是它能够赋予你"竞争优势"。没有竞争优势它就不可能盈利，如果有人对此有疑问，可以发电子邮件与我讨论。我认为我的方法体系能够给予我60%～70%的胜率（即竞争优势），而通常的随机过程一般为50%的胜率。然而50%这个数据并不完全确切，因为它忽略了交易成本，但我们将通过假定我的方法能产生55%的胜率来抵消这个因素。

现在把一个资金管理系统应用于该方法之上，让我们假设某个交易者已做好了最多亏损10 000英镑的准备。一般来说，亏损20%被认为应该离场了，所以我们假设该交易者有50 000英镑的总资产，他做好了最多亏损其中10 000英镑的准备。对于这10 000英镑，我们的资金管理规则是每笔交易最多亏损不应该超过10%（即1000英镑），而这相当于持有单份FTSE期货合约涨跌100个点，或者持有双份合约涨跌50个点。如果采用上述方法，那么就意味着我们必须连续经受10次亏损交易，即亏损10 000英镑（总交易资金50 000英镑的20%）才会被淘汰出局。因此，如果我们拥有之前所预期的55%的胜率，那么来看一看发生10次连续亏损交易的概率。这个概率是45%（失败率，即100%减去55%的胜率）的10次方，得到的结果是0.035%，也就是在10 000次交易中出现3.5次。45%的失败率也表明，我们有10%的概率会出现连续3次亏损，4%的概率会出现连续4次亏损，2%的概率会出现连续5次亏损。这些概率都是有意义的，并且能够从中知道如何监测我们的方法以确保原先的假设正确。如果能够做到这样，就比较容易取得进步并建立起对自己方法的信

心。对有些人来说，100 个点的止损价幅似乎偏大，但有其他一些方法可

> 我个人认为，任何一笔交易可以冒的风险不应该超过总资金的 2%。

以降低资金风险。你将会注意到，1/5 总资金的 10% 等于总资金的 2%。我个人认为，任何一笔交易可以冒的风险不应该超过总资金的 2%。

头寸规模

上一节提出了一种应用资金管理方法的方式。我相信，对于交易领域中极端重要的资金管理而言，这是一种非常具有可操作性的方式。现在，我想花些笔墨谈谈头寸规模的问题。假设你刚刚开发出一个新系统，你对该系统的测试结果也已使你相信它非常优良。再假设你有 10 000 英镑的交易资金，而你迫不及待地打算去赚大钱，因此你一开始就出手买入 10 份合约。这样做对吗？不，**大错特错**！虚拟交易对你是有帮助的，测试也是有帮助的，但当你开始真的进行交易时，游戏就会发生改变，恰恰是因为你开始遭遇那些做梦也未曾想到的情绪（或心理）问题。这些问题可以克服，但当你进入一个新的竞技场（也就是，实实在在地用你新的系统或方法进行交易），那么你必须最小化自己的风险，事实上，优秀的交易者始终最小化自己的风险。因此你不应该交易 10 份合约，而是只交易 1 份合约。你应该始终只交易 1 份合约，直到你的实际交易结果确认了你应该增加头寸规模之时。那一刻，风险对象（新领域）已变得比较量化，你可以在不是很焦虑的状态下交易并取得新进步，因而以恰当的步骤逐渐增加头寸规模是明智的做法。你可以从这种方法中获得的好处也是显而易见的。即使你的系统存在某些缺陷，你也不会亏掉所有的资金，在此过程中

你还可以养成一些交易纪律。这么做你所损失的是什么？只不过是一点点时间而已。如果一切都按计划进行，你可能在几个月后就能够顺利按照原先预想的头寸规模进行交易了。实际上，迟几个月又有什么关系呢？常常令我感到沮丧的是，每当我苦口婆心、嚼烂舌根地把这个道理向我的咨询客户解释时，他们通常都会对这个建议无动于衷，仍旧进行过度交易，并继续在市场中维持一段时间，甚至也可能赚到一些钱，然而最终那笔他们逃不过的大额亏损交易出现了，他们也就只能和市场说再见了。

监测头寸

我们可以减少风险的另一个方面是谨慎地监测交易早期阶段的头寸。有时候我们看价格线图，可以很明显地看到市场从哪里开始偏离预期的路径。这种偏离是一个警示信号并且通常是一个非常强烈的信号。事实上，我已注意到了会有这么一回事，一旦市场实际的价格运动偏离了某个形态所预示的轨迹，那么沿着该偏离方向的价格运动通常会非常强劲。这种现象的逻辑是非常清楚的，因为有大量的交易者跟随最初的信号，他们将会被这样的价格变化套牢。从某种程度来说，如何谨慎地监测头寸将取决于你的进场方法和方法背后的交易逻辑（或哲学）。如果你的进场条件是"把握那些无法被市场接受的价格"，那么你会希望这样的价格被市场迅速拒斥。如果没有出现价格拒斥现象，那么也许应该考虑将此作为退出该笔头寸的理由。毕竟，你正在寻找最佳交易机会，那种没有出现价格拒斥现象的交易可能达不到最佳的标准。当然，判断这样的事情必须与每个人的交易风格和时间框架相联系。但无论如何，购买一项实时的价格服务是物有所值的，例如 Signal、Tenfore 或者 Market Eye 等价格监测软件的每月费用都远远不到 300 英镑，仅相当于单份 FTSE 期货合约涨跌 30 个点的费用。当然，届时你仍然需要坐在屏幕前密切关注价格变化，而危险区就在刚刚建立交易头寸的时候。此时是最容易遭受损失的，因此如何及早监测整个过程确实是一个问题。一旦交易走上正轨，交易者就可以稍微把心情放轻松一些了。

止损可能是资金管理系统的核心特征。有许多方法可以用来设置止损，我们将会在第 15 章中讨论。第 15 章将会对资金管理（许多书都以此为主题）比较重要的关键知识点进行简要的总结概括。虽然是简要总结，但应该足以引发你关于如何改进市场交易方法的一些思考。

· 小 结 ·

- 好的资金管理是成功的关键。没有它，即使是最好的交易系统也将会让你淘汰出局。

- 一个好的资金管理方法意味着在每笔交易中采用低风险的方法。如果不这么做，那么你被淘汰出局的可能性会非常大。

- 每当开始启用一个新的交易系统时，必须先只用单份合约进行交易，直到你的结果（也就是利润）证明它确实在实践操作中有效为止。

- 及早并谨慎地监测每一笔新建立的头寸可以进一步把风险最小化，但要留心不被过早地洗盘离场。

| 第 8 章 |

风 险 控 制

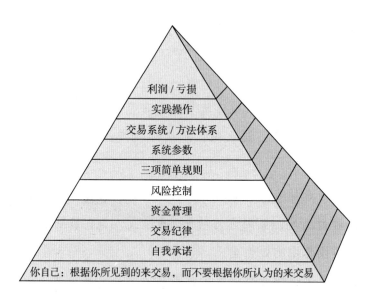

利润 / 亏损

实践操作

交易系统 / 方法体系

系统参数

三项简单规则

风险控制

资金管理

交易纪律

自我承诺

你自己: 根据你所见到的来交易, 而不要根据你所认为的来交易

盈利的交易者是那些将风险最小化的交易者。本章是本书的又一个关键章节。它十分重要，读者应该仔细阅读，并且确保完全理解其内容。那些没有将风险最小化的交易者必将付出代价，并且最终会被淘汰出局。

正是由于这个原因，你常常能看到在一则新闻事件出现之后会出现剧烈价格运动，而该剧烈价格运动常常与该新闻事件所预示的方向相反。从一开始就采用最小化风险方式的交易大户，会等到该新闻事件风平浪静之后，风险处于最低水平时才继续进场交易。

风险控制主要包括以下几项：

1. 不要以过大的头寸规模进行交易，从而减少被淘汰出局的风险。实际上，你应该消除被淘汰出局的风险。

2. 不要持有头寸过夜，除非你有了一定的利润缓冲空间。然而，这一点不适用于某些特定的方法体系，这些方法体系设法利用持有头寸过夜的某些优势因素。

3. 不要持有头寸过周末，其他注意事项与第 2 点相同。

4. 在重大新闻事件发布之前采取适当的行动。这意味着通常不建立头寸，也许还应该缩减头寸规模（如果已建立头寸的话），具体如何取决于你的交易目标。

但是，在市场中存在着两种类型的风险，我们需要对这两类风险有所了解。第一种风险是内在于市场自身的亏损风险。第二种风险是内在于交易品种自身的亏损风险。我将在后面更为详细地讨论这个问题（参见第 10 章），但在此简单地举个例子。买入一份期权时产生亏损交易的风险要远远高于卖出一份期权的风险，但当卖出期权发生亏损时，其亏损金额可能要比买入期权大得多。这个例子充分展示了两种不同的风险类型。同时，作为交易者，我们需要深入理解这两种风险类型究竟是怎么一回事。

交易品种的内在风险

首先，我们来看交易品种的内在风险。它实际上是充分了解你的交易品种的必要内容之一，同时也是初始学习积累过程中的组成部分。以买入一份 25 点的认购期权为例，我们最大的可能亏损就是 25 个点，不会再有更多的亏损。因此，只要这 25 个点符合资金管理系统要求，无论怎样我们都是安全的。即使 IBM、英国帝国化学工业集团、微软和摩根大通等行业巨头公司全部破产也没有多大关系。但如果你决定通过卖出认沽期权或者买入期货合约来做多，那么情形会非常不同。在上述两种情况下，我们的亏损将

即使 IBM、英国帝国化学工业集团、微软和摩根大通等行业巨头公司全部破产也没有多大关系。

会与指数期货（或者我们正在交易的其他标的）相对应。很明显，这完完全全是两码事！

这就引发出一个非常有用的重要观点。作为交易者，我们要尽可能多地保留选择余地。在某些情形下，某种交易品种可能会提供较好的交易机会。例如，如果我们想要在一则新闻事件之前交易的话，选择一个较便宜的期权可能会比较明智。如果我们预期会发生一次大的价格运动但不知道具体的方向，选择一对便宜的期权组合（也就是一份认沽期权和一份认购期权）可能是明智的。我在 1987 年大股灾前夕的星期五对 OEX 期权⊖就是采用了这样的策略。有时候，选择深度实值期权⊜可能要比交易期货更

⊖ 即基于标准普尔 100 指数的期权。——译者注
⊜ 指认购期权的行权价格远低于合约标的市场价格，或者认沽期权的行权价格远高于合约标的市场价格的状态。——译者注

明智，这是因为，首先，可能相对比较便宜；其次，当内在价值降低时，其时间价值可能会上升。因此，它上行时可能让你获利较多，下行时则只有较低的风险。所有这些知识在交易市场中会非常有用，并且交易者充分了解自己所交易品种的风险状况是极其重要的。原因很简单，因为这也会影响到由市场自身产生的风险状况。

市场的内在风险

再回到市场自身的内在风险问题上来。我的经验是，当最初开始交易时，我们是在对这类风险全然无知的情况下进行交易的，有人将此称为愚人乐园。之后我们会被市场狠狠地教训一番并且变得心怀恐惧。是的，我们又回到了第 2 章中所讲的交易者进阶历程的话题上。最后，我们成为"风险导向"交易者，这就是我们要达到的目标。因此，风险是交易经验的核心内容。交易经验可以定义为学会了与风险相处。它是我们在交易中的收获，这种收获甚至超过金钱。一旦我们学会控制风险，金钱就会自然而然地作为结果出现在我们面前。从某种程度来说，本书通篇都是在讲关于风险控制的内容。资金管理其实就是风险控制，三项简单规则也是风险控制，我们整个交易系统也就是风险控制，交易纪律使得我们可以通过正确地使用这些工具而控制风险。不过，本章讨论如何避免市场通常所面临的较明显的高水平风险，这种高水平风险主要以预期要发生的新闻事件的形式出现。

其他风险形式

市场也存在许多其他无法预知的风险形式。即使当一则新闻事件被预料到时，其内容也可能会大大出乎我们的意料之外。以我的经验，大部分市场冲击发生在市场开盘之时，但也并非总是如此。市场经常会在开盘时出现剧烈的价格运动，因为它被迫消化那些在休市时所发生的事件。之后市场逐步向 24 小时全天候交易的趋势发展（以 Globex[⊖]市场为例证），可能会对改善上述状况有所帮助。但作为交易者，我们无法一天 24 小时都醒着，我们必须睡觉，而且这些市场也并非理想状态。它们的交易往往相当清淡，因而会放大所有的价格运动。在 Globex 市场中的标准普尔指数期货价格水平通常不能代表实际开盘时正式的标准普尔指数期货价格水平。但即使是 Globex，一旦新闻事件发生，你也得不到恰当的价格。然而重点不在于此。我看不到应当利用新闻事件进行交易的任何理由。新闻真正起作用的情况是很少见的，至少不能起到持久的作用。许多人会对这样的断言难以置信，并且拒绝接受。但事实上，"在所有时间框架中，市场价格都会从某个极端价位到达另一个极端价位"。就此而论，无论好消息或者坏消息都变得无关紧要。市场始终保持震荡前行，直到它到达下一个极端价位。两个关键并且相互联系的因素标志着重要极端价位的出现。首先是极端心理状态，具体表现为出现"你必须持有股票"（在 20 世纪 90 年代后期我们就是如此这般）这样的极端观点，与之相反的极端观点是"股票风险太大了"（在 20 世纪 70 年代中期普遍流行这样的说法）。这些极端的断言显现出了心理状态，也显现出了市场最高峰与最低谷的

新闻真正起持久作用的情况是很少见的。

来临。如今，我们正看到所有人被吸引到市场之中，当所有人都在市场中时，那就没有人再来买入了，因此市

⊖ 全球电子交易系统（global electronic exchange）的英文缩写。——译者注

场必将会下跌。要准确算出极限价位出现的时间是非常困难的，但毫无疑问大跌即将来临，它甚至可能已经开始了。同样，"股票风险太大"这样的断言显现了一个极端低价位，没有人想要持有股票了，因此它只能会上涨。

就此而论，市场非常像一台机械装置，它先沿着某个方向运动并达到极端价位，然后除了朝反方向运动之外别无选择。

然而，当交易金融衍生品时，我们无法介入非常大的价格运动，因此必须考虑比较短期的价格运动。事实上，忽略任何极端价位都可能是一个错误，无论在多么小的时间框架下的极端价位都不应被忽略，因为所有事情都必须有一个起点。

再回到新闻事件问题上来。对于我自己的交易目标，我起初利用它进入那些我想要进入的交易。我喜欢看到的是，市场对"坏"消息做出正面反应或者对"好"消息做出负面反应。实际上，我并不相信有这样的分类。并不存在所谓的好消息或坏消息，它完全取决于你的认知和接下来发生了什么。通常，非常好的消息伴随着"坏"消息，而非常坏的事情恰好是"好"消息的结果（参见第 25 章）。

因此，交易者应该善于利用适合自己的新闻。不要将它看作一种负面因素，不要仅仅只是在新闻出现之前调整头寸规模（也许清仓），而是要利用后续的价格走势使自己获益。

我相信，持有头寸过夜或过周末的风险要小于在新闻事件发生之前持有头寸的风险。但市场休市的时间越长，新闻事件就越可能发生，所以这一点也必须考虑到。

· 小 结 ·

- 如果想要盈利，你必须将风险最小化。

- 在市场中存在两种风险类型：

  1. 一种风险内在于你的交易品种之中。

  2. 一种风险内在于市场本身之中。

- 市场机制驱动价格从一个极端价位到达另一个极端价位。
  一旦价格到达某个极端价位，它只能朝反方向行进。

- 好消息和坏消息都代表风险，而市场会提供显著的迹象表
  明极限价位可能已经在望。

| 第9章 |

三项简单规则（或交易秘诀）

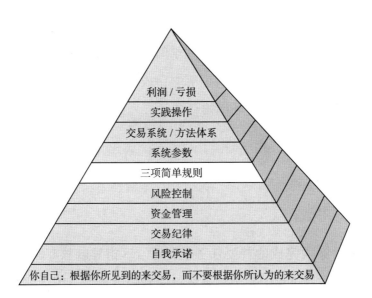

利润 / 亏损

实践操作

交易系统 / 方法体系

系统参数

三项简单规则

风险控制

资金管理

交易纪律

自我承诺

你自己：根据你所见到的来交易，而不要根据你所认为的来交易

我们在第 5 章中讨论过关于秘密的话题。隐藏秘密的最佳地点往往是在那些所有人都能够看得见的地方。唯其如此，人们才会因熟视无睹而不把秘密视为秘密。本章即将谈到的交易秘诀也同样如此。在本章中，数字3 将反复出现。

数字 3 最初出现在我们之前讲述过的两个大脑模型中。托尼·普卢默提出的三位一体大脑由本能体、情感体和思维体三部分组成。《证券混沌操作法》一书中提出的大脑模型也由三部分组成，只不过与前面的模型不同，它分别为：左脑半球、脑核和右脑半球。这三部分正好与三个交易秘诀相联系。你们其实都已熟知这些秘诀，但可能尚未充分意识到它们的重要性，至少我自己在一开始是没有意识到的。

左脑半球自认为很聪明，它拥有"超常"的自我，喜欢表现自己。它不喜欢出错。它觉得接受亏损是件困难的事情，因为那就意味着承认自己是错误的。你必须要用其他方式训练它，或者起码要对脑核进行训练，使其可以承担"接受亏损"这项困难任务。

交易秘诀

秘诀 1：截断亏损

交易新手必须完成的首要任务就是学会（指导脑核）做"截断亏损"这件事情。在学习过程中，关键是要把学费降到最低，因为那些截断下来的亏损其实就是你的学费。与亏损相比，花在购买软件、专业期刊、书籍以及参加培训会等方面的费用实在微不足道。

当学会截断亏损时，我们会发现自己往往没过多久就会因市场扰动而被震荡离场。我们学着去截断亏损，但结果发现，我们在截断亏损的同时也截断了利润。不要对此感到意外。自我始终渴望得到一切对自身有益的事物，它总是会想把看到的利润尽快落袋为安。但这样急功近利并不好，因为如果你真想赚到钱，就必须获取高额利润。做到这一点你需要秘诀 2。

秘诀 2：让利润奔跑

现在你正开始取得进步。你应该正在通过单份合约交易来获得稳定持续的利润，但还没有完全解决问题。因为你尚未完成所有 55 个步骤，也没有完整经历过交易者进阶历程（参见第 2 章）。但你已经得到自己脑核的帮助，并且右脑半球也开始参与进来。现在你可以开始实践秘诀 3。

秘诀 3：遴选交易机会

你必须学会如何挑选最佳交易机会。这需要时间。你必须找到适合自己的正确交易方法，必须集中精力只聚焦于市场的某些方面。市场上可吸收的信息实在太多，会让人应接不暇，即使对你的右脑半球而言。因此，你需要决定自己的方法体系，将注意力集中于自己真正需要的地方，并且成为运用该方法的专家。当你这么做时，你将会知道哪些是最佳交易机会而哪些不是。与此同时，你需要培养精神自律和平静等待机会来临的耐心。

实际上，我将给予你额外的福利（秘诀 4）。

秘诀 4: 顺着趋势交易

通过这种方式，你将获得更多的盈利次数。

遵守规则

现在，让我们来看看在遵守上述 3 个 "简单" 规则的过程中，将会遇到哪些操作层面的问题。你可能会认为截断亏损相当简单，它毕竟算不上是一个难以理解的概念，但它也会产生许多额外的拖累，必然会使整套交易方法变得比较复杂。但是如果不去截断亏损，那么我们将会遭受淘汰出局的命运，至少对大部分人而言是如此。

让我们先来看看其基本思想。如果你在单独一笔交易中让自己的总资金承担了过高比例的风险，那么就容易被淘汰出局。因此，必须选择一种进场机制，该机制只容许在低风险时进场，也就是说，进场后你所承担的资金风险只占了总资金的较低比例。

使用止损

必须指出的是，交易新手被迫使用市场止损，因为他们不太懂得使用其他止损技巧。这么一来，交易立刻变得比较复杂，因为你会不断地因执行止损而离场！不幸的是，这只是交易者必须去习惯的诸多事情之一。尤其是当市场价格触发了止损位，然后向你原先预计的方向运行时，这样令人懊恼的情况会出现许多次。

但我认为这种交易思想的正确性是显而易见的，我尚未听到过任何一个站得住脚的、关于在金融衍生品交易市场中不使用止损的有效论证，尽管我承认有些交易者没有用止损却操作得很好。金融衍生品不同于股票，股票没有杠杆。而且若采用基本面分析来交易，交易方式也不相同，但是新手没有足够的资金或经验来那样做。

现在我们再回到使用止损所产生的操作层面问题上来，这些问题种类繁多，形形色色，让我们先从表现在日常生活中的、最简单的人类本能方面来看。当看到自己想要的东西时，我们会争取拿到手里；当看到自己不喜欢的东西时，我们常常会把它逐出脑海，以为忘记它，它就可能会远离我们。在现实世界中，这样做也许伤害不会太严重，但在市场中，以这种方式对待亏损往往会导致亏损进一步加剧。佯装忽略坏事情是人类的一种本能，所以我们的大脑中被预先设定了不愿接受亏损的行为模式，但同时也被预先设定了一旦见到利润就想兑现的行为模式。请回想一下过往的人生经历和生活方式，你认为改变自己某些基本的行为特质容易吗？还是相当困难？但你若要遵守前两个简单规则，就必须有所改变。

亏损

我们内心深处都存在着一个根深蒂固的自我。猜猜看结果会怎样？大部分人都不喜欢犯错误，大部分人都会将亏钱和犯错误相提并论。再猜猜看结果会怎样？我们宁愿选择逃避接受一笔亏损，即使这样做会让事情变得更糟，也不愿意承认自己可能犯了错。有些交易者会谈论关于新手在承认犯错之前打算亏损多少钱的问题。你的额度是多少？ 1000 英镑、2000 英镑、5000 英镑或者像我所知道的有些人那样达到 10 万英镑级别？因此，在开始交易之前，请确保自己能够长时间地乐于接受犯错，这样反而能够使你保全大笔资金。

交易之前，请确保自己能够长时间地乐于接受犯错，这样反而能够使你保全大笔资金。

虽然我认识的许多交易者完全赞同上述观点，但他们仍会莫名其妙地遭受大额亏损。过去我也如此。一般情况下，这样的事情会发生在我们对自己的交易做出了某些改变的时候。可能是在增加了头寸规模之时，也可能是在开始介入一个全新的市场进行交易之时，或者可能是在我们改变策略而持有隔夜头寸之时。无论如何，它总是一块前进路上的绊脚石。有些事情虽然只有一点点差别，但在你经验丰富和训练有素之前，最细微的事情也可能会阻碍你恰当地执行止损策略。所以，你必须始终保持警觉。

大多数交易者都是吃尽苦头才学到经验教训的，而且学会截断亏损通常是所有苦头中最难熬的，因为它是最令人痛苦的事情。大多数交易者会承认曾经在某笔交易上犯下严重错误，但我怀疑那些不承认的交易者也同样经历过严重错误。他们只不过喜欢将错误隐藏起来，甚至可能只是为了欺骗自己而已。坦然承认错误其实更有好处，尤其是对于自己而言。

事情的来龙去脉常常是这样的：我们进场交易却没有根据市场情况设置止损，或者在某个价位设置了止损，但没有设置长效单（即未撤销前始终有效），结果次日触及了原先的止损位却执行不了止损。总之，这时交易变得十分不利，并且我们突然发现亏损要比原先预计的大得多。这属于第一个问题（即如何截断亏损）的范畴。实际上，我们或许已经在心里预演过接受 X 额度的亏损，但 2X 额度的亏损是未曾预想到的。于是，我们会相继经历恐惧、否认、希望以及其他心理阶段。由于无法接受一下子亏损这么多，我们不得不继续持仓。但这样做**大错特错**！既然已经亏损了这么多，我们必须摆脱这笔交易。虽然我通常会建议设置另外一个止损位来应付这样的局面，以再给这笔交易一次机会，但这只是一种权宜之计罢了。对于遭受困扰的交易者而言，相对直接离场，缓冲式的离场可以使他们更容易接受一些。如果交易者没有这么做，长时间的痛苦期可能会持续下去，有时候会持续好几个星期。最后，痛苦变得如此剧烈以至于超过了其他痛苦。所谓的其他痛苦，就是接受亏损、承认亏损由你自己造成并需要由自己来承担的痛苦。交易者不愿意接受亏损是因为他们不想承认亏损并且希望它消失，这样他们就不必面对亏损并且承认自己的愚蠢了。在开始用钱冒险之前，我们最好还是提前承认自己是相当愚蠢的，但真正做到这点其实很难。在市场中，谦逊必定会给自己带来极大的好处。

> 在市场中，谦逊必定会给自己带来极大好处。

　　凑巧的是，每当忍痛割肉之时，通常市场就会发生重大转折，因此交易者会感到自己是双倍愚蠢的。他不仅由于过长时间持仓而造成了大额亏损，而且恰好在错误的时间离场。顺便提一下，这种情况对自尊心造成的伤害是交易者在学会交易之前必须要处理的问题。任何像这样的心理"缺陷"都将影响到交易，因为它容易时不时地产生"冲动"交易。我将所有"情绪化交易"定义为，交易者失去实际控制力而受冲动驱使的交易。如果已经受创的自尊心遭受威胁，那么可能会激起自尊心方面的防卫意识，人们在争论时发生的情况就是很好的例子。还有什么比进场交易会让你感觉好一点的方式呢！

　　我们回过头再来谈谈那些恰好在错误时刻离场而痛苦的交易者。市场是人类心理的显现，大多数市场参与者受情绪驱使而做出决策。每个人在任何时刻如何看待市场的观点都完全深藏在自己的头脑之中。当情绪达到顶峰的时候，市场也到达极端价位。最恐惧时市场出现最低点，最贪婪时市场出现最高点。在许多方面，人与人之间都是非常相似的。如果我们一群人正坐在一个房间里，此时一只老虎破门而入，所有人都会有非常相似的应激反应。如果房间里有一个窗户，我们

市场是人类心理的显现。

都会不约而同地向那儿冲过去。因此也就毫不奇怪，市场的顶峰或底谷会引发最强烈的情绪，使得交易新手最终退出亏损的头寸。毫无疑问，这种极端情绪几乎必然会产生这样的效果，在吸引到最后一批买家或卖家（这种情况下通常是交易新手）之后，市场将会发生反转。

因此，要做到截断亏损是很不容易的，并且它与所有其他市场技巧一样，是一项需要训练养成的技巧。但当我们最终掌握了它之后，就到了应该练习第二项重要技巧，即让利润奔跑的时候。此处会遇到两个比较显著的问题。首先，让利润奔跑是一项与截断亏损完全不同的技巧，事实上两者几乎是互相对立的。截断亏损需要密切关注交易并且做好必要时立刻行动的准备，让利润奔跑则需要交易者扮演较为消极的角色，主旨是尽量不采取行动。在开始让利润奔跑之前，交易者需要真正学会如何去截断亏损。这两种技巧并不在同一层次上。让利润奔跑并不是新手应该真正努力去做到的事情，因为它太难了，可能会给截断亏损带来许多问题，而截断亏损正是新手阶段最需要优先考虑的技巧。一旦获得了截断亏损的技巧，那么是时候考虑如何让利润奔跑了。

让利润奔跑

第二个问题，就是前面所说的当我们看到并且想要好东西时就会想着赶紧落袋为安的问题。我们在生活里一直这么做，但现在必须改变这个

持续至今的习惯。要改变它并不容易，有些方法能够帮助克服这方面的困难。例如我的期权交易方法从某种程度上可以做到这一点，因为交易持续时间是相对短期的，通常最长不超过两个星期，并且我每次都设定了明确的目标。我卖出时间价值并且在其消失殆尽时退出交易。就这么简单。不过，操作一笔期货头寸会相对困难许多，必须学会某些能深入你内在思想核心的东西。困难在于市场总是不断地考验你，它在两个相反的方向上不断徘徊前行。你必须非常坚定地持有头寸并经受住这些考验，而且这是你必须经历并学会的技巧。你也必须揣摩一下自己可以接受何种深度的回调，并且确定趋势反转到何种程度时你将不再持仓。这部分取决于你在看图表时所领悟的。你是否看到顶部与底部，或者趋势？你可能认为这是一种不常见的看待事物的方式，但实际上它极其重要。如果同时看到两者，你可能会在"让利润奔跑"方面遇到困扰。如果看到了顶部与底部，那么你将会先入之见地去看所谓的顶部与底部。如果这样的话，你总是会很容易看到它们，可能从一些非常好的趋势交易机会中过早离场。这种东西扎根于内心深处。我并不是说你必须进行自我洗脑，但你需要知道自己的思维如何在运作。

另一个要素是放松心态。我的结论是：在交易中，保持谦逊和放松心态与做好资金管理、风险控制以及其他关键方面同样重要。如果不放松心态，你将总是受到采取行动的诱惑，而采取行动是让利润奔跑的敌人。

遴选交易机会

第三条简单规则"遴选交易机会"在概念上比较简单，但它是交易者所有操作行为中的最高境界。只有在完成了实习期并且成为专家之后，你才有可能做到善于"遴选交易机会"。本书通篇都与这项内容有关，因此我不打算在此赘述了。

顺着趋势交易

我也不打算对顺势交易的话题说太多。事实上，这是不言自明的事情。趋势往往会持续，它的本性就是如此。因此，如果顺着趋势交易，你将会获得有利于自己的较高胜算。当然，在每个时间尺度中都存在着不同的趋势。因此，你必须先决定自己交易的时间尺度。之后，你必须想出进场交易的方法，这些方法必须是低风险的。一旦持仓，你应该持有头寸直到趋势改变为止，这里的趋势改变仍旧是就你的时间尺度而言的。这方面的原理实际上非常简单，只不过执行的时候会出现问题。

· 小结 ·

- 截断亏损是你必须学会的第一课。从许多方面来看，一开始就把注意力只集中在这项技巧上非常重要。
- 让利润奔跑是你必须学会的第二项技巧。从许多方面来看，它是第一项技巧的对立面。
- 遴选交易机会是最后一项技巧，当你成为你自己的操作方法的专家时，就自然而然会做到这一点。请注意，在这里"你自己的"是关键词。
- 顺着趋势交易通常会给予你更多的成功机会——基于你自己的交易策略。
- 认识到遵守这些规则会带来操作与心理层面的诸多问题很重要，并且学会如何克服这些问题同样重要。

第 10 章

系统参数：系统设计背后的思考

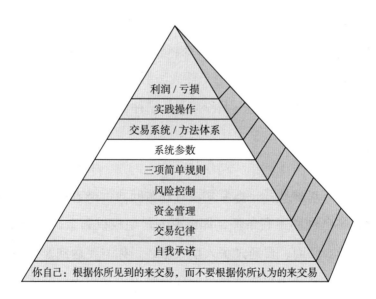

在市场中存在两种类型的风险：一种是亏钱的风险，另一种是亏很多钱的风险。由于世上没有免费的午餐，你可能期待我们所要讲的三类交易品种（即买入期权、卖出期权和期货）能够对这两种风险类型提供某种平衡，而这就是我们所要寻找的目标。如果买入期权，我们就避免了亏很多钱（所谓"亏很多钱"可定义为比你原先下注的本金更多的钱）的风险，因为全部的亏损就是买入期权时支付的钱。但如果买入期权，我们会发现自己通常是亏钱的。如果我们决定卖出期权（在此我将其视为单独的一类交易品种），我们会发现出现亏损的风险比较低，因为期权卖方在大部分月份里都是能盈利的。但当亏损时，我们可能会被淘汰出局。这令人沮丧的过程会一而再，再而三地反复发生。对于交易新手而言，我相信期货在风险方面提供了最佳的平衡。亏损的风险大约五五开（不过还是要取决于你的技巧水平），但谨慎地运用止损和风险控制（不在不该持仓的时候持仓）可以严格限制你投入到市场中的资金遭受大损失（虽然无法消除损失）的可能性。

因此，让我们逐个了解一下各类交易品种。

买入期权

要用这种方式赚到钱，你需要同时在时间和价格方面都判断正确。你一开始就面临严峻的不利条件，即需要支付期权权利金，虽然很难获胜，但并非不可能。然而，要通过买入期权赚钱，你需要达到非常高级别的技巧水平才行。交易新手常常被买入期权所吸引，是因为他们乐于接受这样一个事实——亏损被限定在所支付的权利金总额之内。他们没能意识到，在大多数时间里都会亏掉权利金。买入期权还有另外一个问题，就是你必须抓住一次快速的价格运动，否则你将会发现，虽然市场照你预计的方向运动，但权利金（时间价值）下降的速度将与内在价值增长的速度一样快。你必须有很好的操作水平，才能从期权中赚钱。如果你的操作水平很好，那么也无须我告诉你怎么去操作了。

卖出期权

我大多数的交易都是做卖出期权。如果卖出期权，从一开始就可以得到一大笔收益，但为了保住这笔收益，必须通过期货市场进行对冲。当你必须考虑解除这样的对冲时，操作策略可能会变得相当复杂。在第 11 章中，我将讨论一些简单交易规则以及人类大脑方面的内容。除非你已积累了丰富经验，否则复杂交易就是一场噩梦。游刃有余地通过期货头寸来对冲无保护期权（naked option）是非常复杂和难以理解的事情。然而，这种交易形式具有获得良好和稳定持续回报的潜在可能性，但你需要学会如何进行操作。

期货

传统观点认为期货风险太大。绝不要轻信那些被人们普遍接受的观点，它们几乎总是错的。期货也许是可供选择的最佳交易品种，但前提是在你已懂得了第一个教训，即截断亏损的情况下。如果你遵守本书概述的交易策略，那么你将只对那些最佳机会进行交易，如果出错就迅速离场，并且让利润奔跑。能做到这些，你就已经赢在起跑线上了。

设计一个交易系统

如何设计一个交易系统呢？第一步就是进行规划部署。所谓规划部署，指的是要先确立交易系统的目标。你希望这个系统做什么？你是否想用它捕获趋势？你是否想用它做波段交易？你愿意承受多大的风险？你期待的成功率是多少？

这些参数之中，有一部分是会相互影响的。例如，如果你的止损位设置离市场价非常近，那么交易系统的成功率将会降低。但只要你的预期符合实际，它们没有理由不能同时满足。

在决定了你所希望实现的目标之后，下一步则是观察。仔细审视市场如何运行以及你是如何思考从市场价格运动中获利的。这是所有交易系统的关键要素。你必须让自己从市场对你造成的心理影响中摆脱出来。必须仔细揣摩市场，否则你会始终亏钱。

有许多方法可以做到这些事情。首先你可以考虑做波段交易或者做趋势交易。波段交易指的是，寻找极端价位并且当市场达到这样的极端价位时就进场交易。趋势交易指的是，寻求把握趋势并且一旦你的交易系统指示某个趋势已经形成就进场交易。你也可以将这两个方法组合起来使用。

无论是波段交易还是趋势交易，都需要确定自己的交易条件。你需要确定何谓波段或者何谓趋势，一旦确定了自己所要寻找的东西，也就同时确定了如何去把握它。我们可以通过许多不同的方式定义趋势。首先，你必须决定自己希望在何种时间框架下定义趋势。然后，你必须使用这个时间框架获得趋势信号。例如，如果你感觉自己想要交易周趋势，那么从某种意义上来说必须使用周线图确定趋势。一旦定义了趋势，你将会找到你自己的趋势指标。因此，如果你认为周线图上出现一个更高的高点意味着上涨趋势，那么它就是你的指标。或者，你可能认为在前一日价值区域上方出现价格接受信号（参见第 15 章和第 18 章）标志着上涨趋势。同样，这也是你的趋势指标。

顺便提一下，本章将聚焦于趋势交易系统方法的讨论，但该基本方法将同样适用于你打算用来交易的任何系统，无论是趋势交易、波段交易、价差交易，还是你能想到的任何类型的交易。

系统必要条件

现在，让我们列出一系列你构建完整交易系统所需的必要条件：

1. 你需要设定目标。

2. 从而确定趋势信号。

3. 接着你必须决定资金管理系统，这是关键。

4. 资金管理系统告诉你每笔交易可以冒多大金额的风险，由此你可以确定止损策略和头寸规模。

5. 然后你必须决定进场策略。

6. 下一步是如何在交易过程中变动止损位。

7. 最后你需要一个离场策略，尽管这可能只是简单地等待止损位被触及。

到目前为止，我们已经介绍过第 1 项和第 2 项。资金管理已在第 7 章中讨论过，我不想在此重复。我想强调的是，理论上你每笔交易所冒的风险不应该超过总资金的 1% 或 2%，顶多不应该超过 5%（这个比例并不推荐）。否则，你将面临被淘汰出局的风险。

接下来是止损策略。一旦知道自己可以冒多少金额的风险，你就可以得出止损策略和头寸规模。无论怎样，止损策略是交易系统核心之所在。进场点与止损位之间的关系界定了你的交易系统。从某种程度上来说，此方面是交易奥秘之所在。这一不可或缺的部分无法通过逻辑推理出来，它是一种创造行为。你必须决定自己的作为交易系统核心的方法体系。

具体来说，需要不断地观察、思考、创造还有测试。尽管实际的创造必须是你自己做出的，但我可以给你一些或许有用的指导原则。在这么做之前，我再稍微谈一下购买交易系统的问题。开发你自己的系统要比购买别人的系统好得多，但如果你想要走捷径，那么你也可以直接购买别人的系统。不过，务必要确保它与你的交易目标相匹配，不要被忽悠购买一个"黑箱"系统，确切地说就是不要被忽悠。由此而言，某些免费系统可能算起来要比其他任何系统都要昂贵！

时间价格机会

我们先从时间价格机会（参见第 18 章）说起。所有图表都是由这些基本单元（相当于价格涨跌点）组成的。这些基本单元本身仅仅意味着，当时间流逝时（它可能是一种貌似真实的想法，）市场中出现了不同的价格并以这些价格成交。时间价格机会是来自彼得·史泰米亚市场剖面图理论中的术语。通过时间价格机会，你可以构建出任何你想要的图表形式。不要被自己所知道的方法，如线图、点数图、蜡烛图以及市场剖面图本身所束缚。胆子大一些，不断地构想出显示原始数据（或时间价格机会）的新方法，不要一成不变地使用知道的那些方法，你可能会找到一个能够更好地适合自己系统目标的方法（或许你将成为下一个彼得·史泰米亚，找到一种能够更好地观察市场的方法）。尝试着用不同的方式表示时间，然后再用不同的方式表示价格。这么做时，你也许会有不同的思路显现出来。

或许你将成为下一个彼得·史泰米亚，找到一种能够更好地观察市场的方法！

在观察价格运动而非时间价格机会本身时，我们发现可以看到许多不同的方面。是否该价格运动确定朝某个方向或者另一个方向发展？它是否已超越了前期高点或低点？它是否迅速地远离前期高点或低点？某个特定价格水平是否已被迅速拒绝？某个特定价格水平是否已被接受？所有这些问题及其答案，都可以为你提供一条关于你的交易系统应该如何运行的线索。

基于价格运动，还有各式各样的指标，它们变戏法似的向我们呈现了由波浪线和虚线构成的各种形态。

根据所有这些信息，交易系统设计者需要选择那些可用于实现自己目标的内容。我自己偏好选择的指标是价格未延续形态，它通常是长钉形态（但并非总是）。我喜欢长钉形态，因为它是一个极端价位，并且将止损位设定在超出长钉顶端之外一点点的位置相对比较安全。我认为围绕长钉形态构造的系统比其他系统有更多的成功机会。止损位的设定至关重要，因为如果止损位不太安全，整个交易系统也就会不太安全，这也为我们引出了关于数据可靠性的概念。越长期的数据就越可靠，将会给予你较好的信号。而硬币的另一面是，你将被迫使用区间非常宽松的止损，这会导致要么冒更大

> 止损位的设定至关重要，因为如果止损位不太安全，整个交易系统也就会不太安全。

的资金风险，要么只能交易更少的合约。

长线和短线交易系统

这里存在一个进退两难的窘境。如果你希望自己的钱以最快的速度爆发式增长，你将会关注短线交易系统，由于使用不太可靠的数据，你会遭遇多次亏损。较好的交易系统是那些比较长期的系统。我认识的许多交易

者已陷入了类似于第 22 条军规（意为左右为难）的困境。他们之所以交易仅仅是因为自己没有太多的钱，并且他们将交易作为发财的一种手段。因此，他们被迫关注比较短期的系统，因为他们无法忍受较长期的信号，一开始就过于急切地等待短期信号。而那些有钱人非常重视自己的资金（这也是他们一开始有钱的原因），他们只会以非常谨慎的方式进行交易，这也就意味着使用比较长期的系统，而且他们拥有等待信号出现的耐心。许多交易者不太重视自己的金钱，并且在懂得重视之前也许就注定是要失败的。

然而，除了较长线的系统可能是趋势导向的（因为从长期来看市场往往会呈现出趋势）之外，交易系统的实际设计不需要被区分为较长线或者较短线目标。这可能导致系统设计者考虑两种截然不同的思路。第一种思路可能是"得到趋势开始的 A 点，然后得到趋势结束的 B 点，其间价格必须运动许多点位"。因此，该种交易系统的主要任务在于确定应当在哪个点上介入趋势，同时通常将止损位设在超过极限价位一点点的地方比较合适。另一种思路可能是"当旧趋势终结和新趋势开始时，通常会有类似的价格运动"。因此，该种交易系统的主要任务将是通过确定价格运动的类型来确定这样的转折点。所谓的价格运动，包括了所有指标以及它们在转折点时或者当趋势持续时的不同表现。

如果读者想要顺着这样的思路写出一些补充内容，那将会是很有益处的。通过这种方式，我们或许会得到一些关于如何设计系统的有趣见解。如果你有这方面的见解，也可以发电子邮件告诉我。

整合在一起

最后，让我们设计一个交易系统。我们的目标是把握大的价格运动并且坚定地持仓。我们将使用周线图来判断趋势。规则是，我们必须看到两周的最高点或最低点被突破。因此，一个上涨趋势意味着两周最高点必须被穿越，同时还必须在现有高点的上方看到价格接受形态。止损位则设在最近的主要高点或低点处。我们也可以使用主要点位的回测失败作为交易信号，例如在 1998 年 8 月 5 日的富时指数图和 1998 年 9 月 4 日的标准普尔指数图上所见到的那种信号。进场方式可以是简单地看到信号出现就进场，或者你可以进一步使用时间框架更小的短线技术试着精准地把握价格运动。一旦有了 50 点的利润，止损位就应该移动到盈亏平衡点，并且一直保持在那里。否则，唯有看到反方向信号时我们才会离场。这个简单的系统实际上将会捕获到所有有利的价格运动。止损位是安全的，并且止损区间相对比较窄。它也允许让利润奔跑。它每年可能仅仅交易几次，也许只有一次。事实上，哪怕只有一次，结果也会比较理想，因为好的交易不会轻易停下脚步，它们只会不断地让你赚钱。

如果你喜欢这样的操作思路，那么可以用一些市场的历史数据进行检验。富时指数最近的主要买点在 1997 年 12 月初大约 4990 点（现货市场）附近出现，当时 11 月 21 日的周高点被突破。一开始止损位设在 4 382 点的位置上，但很快移动到盈亏平衡点。系统在 1998 年 5 月发出看空信号，这时该笔交易已赚到 780 个点左右。

我们现在要么等待反转信号出现（通过周线图或者通过识别主要反转信号）而离场，要么等待触及止损而离场。我们将该交易系统称为"TTT 周线系统"（TTT Weekly System），如图 10-1 所示。前面的有些规则需要更进一步地严格规定，但我的目标是给出一个在市场中可以发挥作用的交易系统的例子。任何允许大的利润和承担小的亏损的系统都是符合要求的。在上述例子的情况下，初始止损区间是相当宽的，此外，市场在12月初发出信号之后没有出现任何回探。但你不能就单独一次的情况来判定某个交易系统。

在此处卖出

在此处买入

图 10-1　TTT 周线系统

·小结·

- 在此主要关注三类交易品种：我将买入期权和卖出期权作为两类独立的品种看待，第三类品种是期货。
- 系统设计需要考虑许多关键因素，包括时间框架、止损策略和资金管理。
- 你必须决定是否做波段交易或者趋势交易。
- 必须确定你所想要的，确定你的系统设计旨在完成什么目标。创造的主要作用是决定市场价格运动的哪些因素将产生买入或卖出信号。
- 止损策略是最重要的方面之一，因为它决定了你的风险－回报率。
- TTT 周线系统是一个在市场中可以用来进行实际操作的交易系统实例。

第 11 章

系统参数：简单交易规则和人类大脑

某种观念一旦被接受，就到了拒绝它的时候。

——霍尔布鲁克·杰克逊

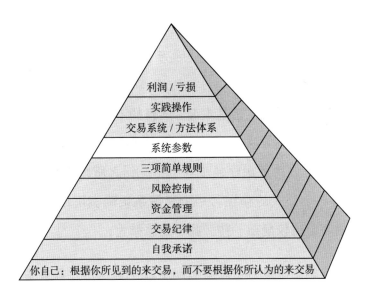

利润 / 亏损

实践操作

交易系统 / 方法体系

系统参数

三项简单规则

风险控制

资金管理

交易纪律

自我承诺

你自己：根据你所见到的来交易，而不要根据你所认为的来交易

在本章中，我想解释一下交易过程和分析技术的真正目的，并且说明如何在市场中盈利。你可能认为这样的目标显得有些宏大，但我的交易经历已长达10年之久，我已通过艰辛的方式获知了这些事情的真相。

当然，对交易来说有两个方面的内容。第一个方面是理论，这方面正是简单规则起作用的领域。第二个方面是实践，这方面是人类大脑（包括所有的情绪投入和本能反应）在起作用。公式非常简单：

简单交易规则 + 人类大脑 = 混沌和困惑

所有做过交易的人都知道上述公式的正确性。

现在先来说说简单交易规则。如果你的交易方法既让利润奔跑又能快速截断亏损，并且其成功率达到50%，那么总的来说你将会盈利。这是非常明了的事情。因为每一笔利润将对应一笔亏损，但由于让利润奔跑，它们平均的总和就会大于亏损的总和（因为亏损总是被控制在较小的金额范围内）。

分析（无论是技术面还是基本面）的目的不是去分析市场，而是为了构建交易系统（或交易方法）。这并非是想贬低技术分析，因为构建自己的交易系统是取得成功最重要的步骤之一。你之所以需要一个交易系统，是因为有前面那个公式的存在。一个交易系统确实可以产生简单交易规则，但其他内容会比较复杂一些。我不妨总结为：

如果简单交易规则 + 人类大脑 = 混沌和困惑，那么复杂交易规则 + 人类大脑 = ？

上面这个问号让人不太愉快，在交易生涯的最初阶段，我的心头一直有这个问号相伴随。

交易系统

交易者的目标应该是很清晰的：生成一个总体上具有竞争优势的交易系统。50% 的成功率是一个挺不错的目标，但如果利润能够充分奔跑的话，比 50% 成功率更低一些也能盈利。这里就由分析来发挥作用了，即用来生成那样的系统。无论让利润奔跑，还是快速截断亏损都并非易事（参见第 9 章），但这两件事情都是可以学会的，因此不必认为这是一个大问题。

就个人而言，我不太喜欢统计类型的技术指标。对于我自己的交易而言，我采用彼得·史泰米亚市场剖面图理论开发出了交易系统。在浪费了超过 10 年的时间在一些垃圾理论上之后，我接触到"价值区域""价格未延续形态""价格接受"这样的概念，就像呼吸到了清新的空气。这些重要概念将在本书中予以详述。

在此简要提及一下随机系统，或者更确切地说是随机进场系统。我经常听到随机系统很管用的说法，也就是说，可以仅仅通过抛硬币的方式决定进场与否。我未曾检验过这种理论，但它似乎存在逻辑缺陷。我相信一个没有止损的随机进场系统将最多可能达到 50% 的成功率。但长远来看，它什么目标也实现不了，因为利润和亏损可能相互抵消，并且交易佣金会耗尽你的本金。一旦开始使用止损，你的成功率可能（几乎确定）会低于50%。即使忽略采用某个会产生大量亏损的系统进行交易可能带来的心理方面问题，算术方面的问题可能也将耗尽你的本金。

对于我自己的交易系统，我接受"止损的逻辑"。止损的逻辑的关键是将亏损保持在小的额度范围内，因而关键事项是进场点与离场点之间的关系。在此，价格未延续形态可以发挥其作用——我的止损位总是设定在超过价格未延续形态末端的位置上。我希望在本章避免过多哲学化的内容，但常常是"什么没有出现"比"那是什么"更重要。夏洛克·福尔摩斯和"没有狗吠声"的故事⊖可以说明这个道理。伟大的音乐家说，音乐中至关重要的是音符与音符之间的间隔，而非音符本身。价格未延续形态是价格缺乏延续趋势的表现。彼得·史泰米亚的贡献在于使混沌转化为有序。钟形曲线的作用就在于此。当市场在某些价位上停留了一定的时间时，价格延续形态就产生了。当市场在某个特定价格上停留了很少时间或者没有停留时，价格未延续形态就出现了——它出现在该价格被市场拒绝之时。

止损价位控制着你的风险，而风险–回报率影响着你的交易系统可以达到的成功程度。我插句题外话，意识到这一点很重要：生成一个能够给予你盈利优势的交易系统并不困难。

人类大脑

交易系统设计只是事情的第一个阶段。难点在于如何使用它！这方面由人类大脑在其间发挥作用。

托尼·普卢默在他的那篇非常出色的文章（参见附录 B）中阐述了三位一体大脑。简而言之，三位一体大脑由我们称之为本能体、情绪体、思维体的三部分组成。一旦将人类大脑作为事情的综合因素之一来考量，我们也就需要全面考量本能体、情绪体、思维体这三部分。在交易环境下，

⊖ 故事见阿瑟·柯南道尔爵士的名著《福尔摩斯探案全集·巴斯克维尔的猎犬》，小说中福尔摩斯根据凶案发生时猎犬没有吠叫而推断出凶手是熟人。——译者注

思维体是有用的，然而另外两部分（情绪体和本能体）则并不总是有用的。

> 交易是一项高度紧张的工作，涉及金钱，而且可能会非常多。

交易是一项高度紧张的工作，涉及金钱，而且可能会非常多，同时存在着亏损的风险和潜在巨大回报的可能性。大部分交易者都过度交易，直接将自己置身于沉重的心理压力之下。有一点毫不意外，如果过度交易，你就可能被淘汰出局，这是具有逻辑必然性的事情。所有这些都会使得大脑的本能体和情绪体牵涉到行动中，而且通常是牵涉到慌乱的行动中。对于交易来说，这没有任何好处。它们只会使得你在错误的时间里做错误的事情，使得你盲目从众，让你放弃好的头寸，尽其所能地让你遭受亏损。

人类大脑有其自身的功能与作用，那就是设计交易系统并监测系统绩效。但当系统生效后，它应该被搁置一旁。这终究是非常困难的事情。

在本章开头中，我曾说过我想要解释交易过程和分析技术的真正目的，并且说明如何在市场中盈利。让我把上述三方面的概括作为本章的结尾。交易过程就是指采用一套低风险的策略。亏损必须控制在较小额度内（原则上最好是总资金的 1% 或 2% 左右），并且必须让利润能够奔跑（否则你将永远无法抵消亏损）。好的系统在做到上述这些的同时，仍旧给予你50% 以上的成功率。是的，你将有大概一半的时间会出现亏损！这对那些对自己辛苦赚来的现金感到心疼的人而言，有点难以接受。

分析的目的是构建你的系统，仅此而已。你通过学会如何控制自己的情绪和本能，从而使得你可以遵循自己的交易系统，并最终实现盈利。这一切都需要积累经验，但我相信，如果你知道问题是什么，这个过程可以缩短。可惜我是一个乐观主义者。

·小 结·

■ 基本公式是：

简单交易规则 + 人类大脑 = 混沌和困惑

这主要归因于"三位一体大脑"在起作用。

■ 较复杂的规则操作起来会极其困难，尤其是对交易新手

而言。

■ 止损的逻辑决定了你所采用的方法的风险 – 回报率。

| 第 12 章 |

形成自己的方法体系

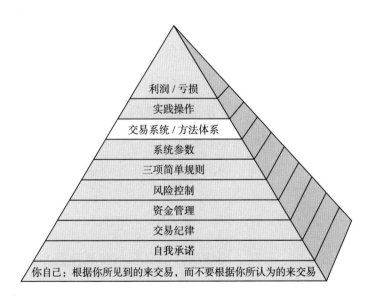

本章可能是本书最关键的章节，因为方法体系最终决定了你盈利或是亏损。同等重要的是，你需要拥有遵守自己方法体系的交易纪律，但在拥有方法体系之前，你并无遵守交易纪律可言。

我无法给予你自己的方法体系。我可以提出建议，可以举些例子，正如我在本书中所做的这样，但最终你必须提出属于你自己的交易系统，因为你必须做到遵循该系统。因此，为了充分发挥交易系统的作用，它必须符合你的个性。

我再怎么强调这点也不为过。出于许多理由，即使其他交易者的交易系统很成功，也未必适用于你。你必须先确定你自己的个性，因为它与市场相关联。你会发现有些事情你能够做到而有些事情你无法做到。你会发现你有某些强项和某些弱点。关键在于要形成一套使你能够扬长避短的方法体系。还有其他一些因素需要考虑，其中之一就是时间框架。如果你的偏好是采取较长期的视野，那么尝试进行日内交易（即在单独一天的市场价格运动过程中进场并且离场）是毫无意义的。这个明显的例子说明了为何其他交易者的方法体系可能不适合你。

因此，在举若干方法体系的例子之前，我先列举下列一些参数。

时间框架

你是否想做日内、日线、周线或月线交易？在某种程度上，这意味着你要把握相应时间段内的价格运动，换言之，你可以用上述自己选定的时间框架寻找相应的反转点。一旦做出了这样的决策，你就知道了自己想要寻找的东西并且可以调整自己的分析来实现这样的目标。因此，你已经向前迈进了一步。顺便提一下，一套方法体系可能包括在不同时间框架内的许多不同策略。它并不意味着是"单选"型方法，尽管最好选择一个适合你的方法。

交易类型

市场交易的方式多种多样。最通常的方法是直接法，即当市场价格朝着对你某个具体头寸有利的方向运动时，寻求兑现利润的方法。然而，当市场价格没有发生变动时，诸如跨式卖出期权（writing straddle）这样的策略（对同一行权对象同时卖出认沽期权和认购期权）收益最佳。套利则是另一种寻找价格短期异常机会并以此获利的方法。此外，还有对冲交易、价差交易以及众多的金融衍生品交易。如果采取直接法，那么接下来还必须选择交易股票还是权证、期权或期货，之后你还必须决定是对这些交易对象做多还是做空，尽管你常常希望既做多也做空。

分析类型

大部分人都以错误的方式对待分析。他们先接触到某种特定的分析技术，比如艾略特波浪理论、江恩理论、MACD 或者其他理论，然后逐渐熟悉该技术的运作原理并且开始用于实践操作。这其实是本末倒置。任何一种分析理论都是为了回答特定问题而提出来的。当一位医生检查病人时，他先找出症状，然后决定采取进一步分析来解答未弄清楚的突出问题。医生并不是先成为治疗足部的专家，然后无论病人的问题是什么就都去给病人做足部分析。但是，大部分技术分析师都处于这种本末倒置的境况。他们先成为某项特定分析技术的专家，然后在未考虑过他们应该如何进行（适合自己的）交易的情况下就使用这项技术。这对初学的交易者而言尤其是一个问题，因为他们可能除了知道某项技术之外，对其他技术毫不知晓。

分析的负面作用还表现在另一个方面。它通常被当作方法体系的奠基石来使用（但实际上它应该只是方法体系中的一个因素而已）。这样对待"分析"的方式实际上是南辕北辙。正确的方式应该是，先决定你希望如何交易，决定你想要利用什么样的机会来盈利，然后再选择相应的分析方法。要避免以众所周知的方式使用众所周知的分析技术，因为大多数人这么做，而大多数人是亏损的。你希望自己做出与众不同的事情，因为你希望成为一名赢家。

> 先决定你希望如何交易，决定你想要利用什么样的机会来盈利，然后再选择相应的分析方法。

我个人认为，大多数分析只是在浪费时间而已。最成功的交易者寻求匹配交易启动条件。这句话的意思是，成功交易者会设计出一套方法体系，当某种价格行为类型出现时，该方法体系就会触发一个进场点。如果市场符合他们的标准（即交易启动条件），他们就行动；如果不符合，他们就按兵不动。

资金管理

资金管理已在第 7 章中有较为详细的阐述。为了解释资金管理的作用，我再举一个简单例子。假设你拥有世界上最好的进场和离场方法，你的交易系统有 99% 的成功率。在每 100 笔交易中，有 99 笔是赚钱的——你不会犯错误！但你拥有的可能是最糟糕的资金管理系统。你在每一笔交易上

> 最重要的目的是确保你不会被淘汰出局，第二个目的是最大化你的回报收益。

都押上全部家当。那么会发生什么呢？你可能会成为亿万富翁，但当 1%
的概率来临时，你会失去一切！资金管理系统旨在实现两个目的：最重要
的目的是确保你不会被淘汰出局，第二个目的是最大化你的回报收益。

　　对于测算最佳的资金管理方式，有许多非常复杂的公式，计算这些公
式的前提是知道你交易系统的成功率。这是一个大问题，尤其是因为即使
你确实获得了自己系统的成功率数据，它也将成为历史数据，而并不必然
代表未来的成绩。出于这个原因以及其他一些原因，我不打算在本书中讨
论这样的公式。然而，我想复述一下我所听到的关于某个名为"F 优化"
（Optimal F）公式的评论。一位亏损的交易者说"我已经用 F 优化公式进
行优化了"。他说这句话时的心情好像并不是很愉快。

　　相反，我们应当避开复杂的公式而遵守最基本的原则。对你而言，资
金管理决定了一项最主要标准，那就是在每一笔交易上你可以承担多少风
险。这个数值取决于两个变量，即头寸规模和止损点。举个简单例子，你
可以决定在每一笔头寸上承担不超过总资金 5% 的风险。如果直接按每次
亏损 5% 计算，那么连续亏损 20 次才会淘汰出局。如果按照不断减少的
总资金来算，需要更多次的交易才可能被淘汰出局。按照后一种算法，假
设一开始是 10 000 英镑，10 次亏损交易之后你还会有 6000 英镑剩余。

　　为了得出你自己的资金管理系统，必须考虑下述问题：

　　1. 你的资金总额。

　　2. 你整套方法体系的成功率或失败率，这是一个反馈式的过程。顺便
提一下，如果你的方法体系不够成功，换掉它！

　　3. 亏损总额和利润总额之间的关系。

　　4. 预期的最大资金缩水总额。（2 倍？）

5. 每次你可以持有的头寸数量。

6. 你的交易类型。

7. 市场中出现剧烈价格运动的可能性。

资金管理是成功交易必不可少的前提条件。

风险控制

风险控制已经在第 8 章中有较为详细的阐述。风险控制可以说是资金管理的一部分，但它也有其独立的功能。资金管理系统能够在某种程度上保护你的资金安全，但有时候市场会迫使你遭受比自己预想大得多的亏损。例如，你可能已经决定如果富时指数跌到 5700 点以下就立即退出一笔头寸，但如果富时指数在开盘时就直接跳空到 5650 点怎么办？很明显，你的亏损就会相应更大一些。风险控制是努力避免这种状况的方法。

> 如果出现威胁你生存的事情，你必须有所行动。

因此，如果市场波动性看上去正在不断加剧，你可能想减少甚至退出头寸。当然，这么做可能很主观，你可能会在错误的时间里做出错误的事情，因为市场往往会驱使我们这样做。但在市场中首要考虑的问题是生存，如果出现威胁你生存的事情，你必须有所行动。

进场方法

分析是一种达到目的的手段，仅此而已，其目的是提供进场方法和离场方法（见下节）。当你知道何时进场和离场时，你就拥有了一个清晰的方法体系。所有其他因素都可以转换为这两方面的行动，而这两方面的行动最终决定了你的成败。进场方法是相对比较简单的方面。

离场方法

离场方法是难度相对较大的方面，这一点容易理解，因为实际上是离场使得你的利润或亏损具体化。在这个问题上，我来谈一谈我自己的方法体系。我卖出期权然后借助期货头寸对冲期权头寸（如果有必要的话）。我极少退出已卖出期权头寸（除非获利比较可观），因为整个游戏就是在获取时间价值。在期权到期或者提前转让时，整个过程就结束了。因此我尽量避免以这种方式离场，除非头寸价格变得非常低廉（15 个点左右），届时我会遵循某项通用规则来退出头寸。当我用期货对冲时，也是容易的，因为它是一种进场方法，唯一的难点在于何时解除对冲，也就是离场方法。

为了让本章的内容更加丰富完整，我把自己与一位机构交易者的访谈内容公开，以起到用实例说明上述诸多要点的作用。

与一名机构交易者的访谈

在做这个访谈的过程中，我很高兴地发现这个人的许多有效的交易原则都可以在我的专业期刊（和本书）中找到相同的影子。出于多种原因，我访谈的这位交易者希望隐去其姓名。我当然尊重他的意愿。

首先，让我交代一下，这位交易者并不是在交易所工作，身边也没有任何同事。他独自一个人工作，他的管理公司与某些机构签订合同，这些机构希望由他们来提供资金然后由这位交易者负责交易。他喜欢保持"隐居"状态，这样他就不容易受到市场情绪波动的影响。但这样也有副作用，尤其是看不到挂单量，也无法很快地获知新闻和消息。

在市场中取得成功的必要条件

毫不意外的是，交易纪律是他方法的关键。他说，在你能够于市场中取得成功之前必须满足许多严格的必要条件。

第一，你需要一个区分价格和价值的方法，以突显好的交易机会。构建这样的方法需要用到分析，但之后分析的重要性就变得相对弱一些。用以区分价格和价值的方法能够被交易者所理解并且适合其个性是非常关键的。

第二，无论用什么样的方法，你都需要在出现错误时及时离场，以避免亏损许多钱。许多个人交易者面临的问题是，他们根据自己的看法进行交易，并且除非亏损许多钱，否则他们是不会轻易改变看法的。

第三，在进入一笔交易之前，你需要知道哪里是离场的位置，这证明了"你所能够亏损的金额"是一个你必须多加注意的因素。如果某笔交易无法提供非常近的离场位置，这位交易者就不会进行该笔交易。对于富时指数而言大约是 40 个点左右。然而，止损并非易事，而且他也不采用市场止损。他要等到看见市场价格在他的"止损"价位上交易并停留时才会止损离场。在这个价格水平上出现长钉形价格运动将不必止损离场。不过，他也采用了一个自动化的、设置在其他止损位外侧的"资金管理"止损，该止损位为价格波动确定了一个"安全"距离。

第四，整个方法需要较高灵活性，因为它需要应付不断变化的市场状态。

这四个必要条件与那些我已反复写在书上的"交易规则"之间的关联非常紧密，读者现在可以看到全部的精华所在。

这位交易者的资金管理方法非常直截了当。他绝不想让亏损达到总资金的 25%，因为如果出现这样的亏损额，人们往往会撤走资金。于是他将这个额度除以 10，得到的数值就是他在每一笔头寸中打算承担的风险额度。因此，如果他手头的交易资金是 100 万英镑，那么分配到每笔交易的风险额度将会是 2.5 万英镑，即总资金的 2.5%。因而，对于富时指数期货而言，他可以交易 30 ～ 40 份合约（这是按照当时富时指数每点相当于 25 英镑计算出来的，在当前 10 英镑每点的情况下这个数字将相应地增大），同时将止损位设置在距离进场位小于或等于 40 点的位置上。然而，这将随着市场波动性的变化而变化，在波动性非常大的情况下，头寸规模将被缩减。在市场极端价格出现时，他可能会增加头寸规模，因为这样的交易提供了"附加价值"。他估计此方法被淘汰出局的风险小于 1%，同时它也能够保证资金缩水控制在可接受的水平。他的方法体系的正确率平均在 55% ～ 60%，他估计最多会有 4 ～ 5 次连续的亏损交易，因此使用这种方法出现的最大资金缩水大约为 12% 左右。自从形成了这套策略之后，未曾出现过亏损年份，有些年份还取得了极其可观的收益。他从 1985 年开始交易，目标是取得每年 20% 的收益率，我常常说这个数字是衡量优秀交易者的标杆。

这为交易者实践操作时面对各类环境做好了准备。控制权并非来自外在，它由该交易者通过自律而施行，必须始终如此，尤其是对个人交易者而言，因为他们别无选择。唯一的外在控制是经纪人知道他的最大头寸规模是多少，他不能够超过这样的限定，不是他想要交易多少就可以交易多少。他的方法是比较长线的，他指出对于每位交易者来说确定自己的时间框架十分重要。平均而言，他每月只在某个市场交易一次。在这种情况下，他将预期某些月份会出现亏损，但这些并

亏损交易是他（我们）工作中习以为常的一部分。

不会让他过于担心。亏损交易是他（我们）工作中习以为常的一部分。

交易类型

现在我们转而讨论这位交易者所采用的交易类型，虽然无论他的方法是什么，整个体系都不必然会发生变化。这位交易者基本上是个定向型波段交易者，他努力把握比较重要的价格运动，并通过期货从这些价格运动中盈利。他既使用技术分析也使用基本面分析，其基本交易方法从市场逻辑的基本原则中改编而来，并基于现代市场流通性发展的情况进行更新升级。他不寻求在最低点进场最高点离场，但只要某笔交易保持有效性，他将设法持有该交易头寸。他的方法是基于其离场策略的，他相信离场策略非常重要。这是非常明显的事情，因为离场决定了你的头寸盈利或是亏损，以及盈利或亏损了多少。他对交易者（甚至包括机构交易者）花那么多时间在进场策略上感到不可思议。所有人都沉迷于那些能够发出买入或卖出信号的分析技术，但真正的关键在于何时离场，而非进场。他未做修改地将自己的方法运用于多个不同的市场，但把精力重点集中在少数几个市场，主要是美国、英国和德国股票及债券的期货市场，但他不喜欢在同一时间内持有超过两个以上的头寸。这样的资金管理规则，进一步降低了他的总体亏损风险。他相信市场价格运动基本上是不可预测的，所以他从来不预测市场价格将会如何变化，他也相信对市场预测的执迷是导致交易失败的主要原因之一。然而，他相信存在一些方法可以让交易者利用当前市场价格高于或低于"价值"的状况而取得优势。他的方法体系旨在实现这一目标。

举个例子，某位股票经纪人将"价值"定义为最新的价格点位。于是，这位经纪人将寻求在这个价格点位下方买入，然后在价格点位上方卖出。因此，如果最新的价格点位是 6005 点，那么这位经纪人的买入出价 / 卖出要价范围可能是 6004/6006。这么做，这位经纪人正试图在交易中利用"价值"的优势（参见图 12-1）。我们的这位交易者也是这么做的，只不过是在更长久的时间框架内。

他还提出了一个很有意思的关于交易时机的观点，他相信那是另一个被大多数交易者所低估的因素。基于"市场中只有少数人可以盈利"这样一个事实，他喜欢在某个只是

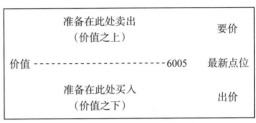

图 12-1　股票经纪人的价值概念

注：更大时间框架的参与者拥有各自不同的价值概念。

短暂出现的价位上进行交易。如果市场在这个价位长时间地发生交易，该价格一直频繁出现，那么将削弱这笔交易的优势。例如，如果他看到市场在某个价位开盘，然后迅速离开这个价位，由于市场拒绝了开盘价，如果他已经在这个价位上进场交易了，这将增强他的信心——说明他已经得到了有利的价格。但如果市场返回了这个价位，那么他进场的价值就会降低。这一点只与具有吸引力的价格有关。在一次强烈上涨之后，价格将会很高，这对于买家而言就不太有吸引力了，但对卖家而言可能就会有吸引力（在上涨趋势中总是容易在高价位卖出）。但只有当该卖家在该价格上抓住机会卖出，而其他卖家很快就无法在该价格上卖出时，才可以说他取得了其他人所不具有的优势。

在建立一笔头寸之后，他要么非常快速地止损离场（由于市场触发了止损），要么让头寸产生利润。因此他采用一种跟踪止损方法——止损水

平仍然使用相同的方法来选定，止损也以相同方式操作。

他认为自己的整套方法属于机会主义型，因为他总是寻求抓住有利机会进行交易。如果他觉得某一笔已止损离场的交易可能还会沿着原来的价格方向运动，那么他可能会重新进场，但也许会减少合约数量。如果某一笔交易的止损价位需要设定在离市场价很远的位置上，他必定会选择放弃这笔交易，因为他发现市场中有足够多的符合进场条件的交易。

他不喜欢机械交易系统，主要出于两个原因：首先，尽管它们可以把握好的价格运动，但在趋势过渡期内会产生许多劣质交易。其次，那些使用它们的人通常无法充分理解其工作原理，这使得它们实际上没有可操作性可言。

在所有重要的心理问题方面，他避免了许多交易者可能会遭遇到的困难，首先他理解自己的方法，其次他已证明了该方法的有效性。他相信，成功交易的关键之一是当自己需要交易时才进行交易的能力。许多交易者在进行自毁式交易之前都经历了一场充满内心矛盾的自我对话。如果你拥有一套策略，那么就应该使用它——假设它是值得一用（如果不值得一用，你就不应该使用它）。事情总会时不时地出错，所以为何要让这个事实妨碍你交易呢？

> 成功交易的关键之一是当自己需要交易时才进行交易的能力。

他将交易比作一项没有外部意见可供参考但必须完成的运动。因此，就像一名参加奥运会的运动员，他相信摆脱外部意见（例如家庭、朋友或财务等方面）的干扰并专注于手上的任务是非常重要的。这也意味着交易应当独立于交易行为所带来的在财务层面上的可能后果。

他觉得对个人交易者起反作用的另一个因素是交易冲动，也就是说，实际的交易次数超过了自己的方法所提示的应该交易的次数。这么做会适得其反，因为这意味着你进行了许多不完全符合进场条件的交易，从而削弱了系统的有效性。

最后，他发现他人的观点也是有用的，只不过是以反向思考的方式。他总是自己做出判断，并且不受他人观点的干扰。我也用了好几年时间来寻求设计出一项反向指标，现在我已想好了将如何实现这个目标。我打算将来把这些内容作为单独的特辑发表于《技术交易员》的某一期中。

总而言之，我们的这位交易者将市场视作一种平衡机制（毫无疑问的确如此），他的方法体系旨在把握那些利用系统内不平衡性的交易机会。从这点你可以看到，在他的方法背后存在着一个清晰的逻辑，他以非常自律的方式运用着自己的方法体系，而资金管理规则赋予他得以协调运作整个方法体系的竞争优势。

·小结·

■ 形成你的方法体系需要考虑以下几个方面：

1. 时间框架。

2. 交易类型。

3. 分析类型。

4. 资金管理。

5. 风险控制。

6. 进场和离场。

■ 我公开了对一位机构交易者的访谈内容，访谈中强调了许多交易者必须认真对待的观点，其中不少观点与本书主张的观点相一致。

第 13 章

实 践 操 作

当几乎所有人都不知所措时，而你还可以保持冷静，也许是你误判了形势。

——佚名（街头涂鸦）

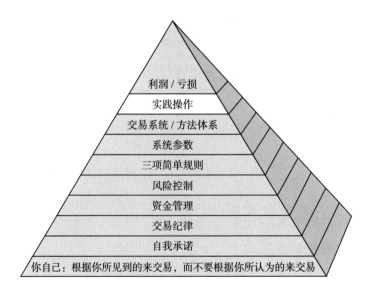

利润 / 亏损

实践操作

交易系统 / 方法体系

系统参数

三项简单规则

风险控制

资金管理

交易纪律

自我承诺

你自己：根据你所见到的来交易，而不要根据你所认为的来交易

到目前为止，我们已经讨论了想要取得成功所必须具备的交易哲学思想。我并不认为这是唯一管用的交易哲学，但它是我发现的管用的交易哲学。我想提醒你的是，"世上没有铁板钉钉的事情""不存在绝对真理"，所有我们可以借助的都只不过是"有用的谎言"，即那些好坏仅仅取决于是否能够在市场中管用的假说。

现在，让我们将注意力转向实际的交易情境。世界上有多少不同的交易者，就有多少不同的交易方法，每位交易者都会有适合自己的盈利方法。但许多人始终未能发现它们，而是任由自己出于这样或那样的原因（过度交易、糟糕的资金管理、缺乏自我承诺、缺乏努力等）被市场淘汰出局。

请记住，我们始终应当对从出生以来自己所遭遇到的任何事情负有责任。这是一条自始至终都很重要的"有用的谎言"。因而，在这一点上，我们可能会在何者对你有用的问题上存在一些分歧。

交易启动条件

在涉及实践操作的问题上，我的思考过程与他人不太相同，最关键的是交易启动条件。在我看到趋势已经形成并告诉我有一个好的交易机会出现之前，我根本就不会去考虑交易系统或交易信号。只有在上述情况出现时，我才会开始考虑哪个系统对于把握当前的价格运动最为有用。这种方式与许多人使用交易系统的方式有很大区别。许多人只是遵循交易系统的规则，但现实情况是，如果从数学的角度来看，

> 在我看到趋势已经形成并告诉我有一个好的交易机会出现之前，我根本就不会去考虑交易系统或交易信号。

市场几乎是随机的。因此许多交易系统无法实现令人满意的目标，它们只是让你的账户资金产生波动而已。我相信你需要更好的方式。无疑，你需要一套方法体系。因为如果你没有告诉自己去做什么的方法体系，你就不会知道自己是在进行情绪化交易还是用自身综合能力在交易。你必须经历一个阶段，直到清楚地知道自己应该去做什么，使得自己能够纠正"有害"的个性特征。但在交易者的生涯中，有许多阶段需要经历（参见第 2 章的55 个步骤）。所有这些阶段可以比拟为你通往最终成功路径上的垫脚石。

交易启动条件形形色色，罗列一下思考过程：

1. 确定交易启动条件。

2. 决定某笔交易（做多或做空）。

3. 观察价格运动以确定哪个交易系统最合适。

4. 看到信号。

5. 考虑止损点 / 风险参数。

6. 建立头寸。

7. 监测交易进展。

8. 如果适宜的话，设置止损位（参见第 15 章）。就个人而言，我喜欢只设置那些不太可能被触及的"长止损位"。在进场后的早期阶段，如果我看不到自己正在寻找的价格运动，那么我可能会非常迅速地离场。

9. 此刻，存在三种主要的可能性。第一种可能是市场价格走势非常快地表明你判断错误，你果断止损离场。你为完美的交易过程庆幸并感到满意。第二种可能是从一开始就走势良好，你可以不断地提高止损位并随着亏损风险越来越低而变得安心舒坦。第三种可能是价格走势徘徊不前，在这种情况下你可能决定以一种"预先设想"的方式离场。这样的话，假如交易条件仍旧符合，务必要重新进场。这是一个关键点。

我的交易启动条件是用来处理那些在回测失败、突破失败和价格扩展失败中出现的极端价格和信号。回测失败和突破失败将在第22章中详细讨论。价格扩展失败是我个人最喜欢的信号，这个信号指的是市场发出了一个强烈的买入或卖出信号，之后又从极端价位之外以拉锯式价格运动的方式返回极端价位之内。此时真正的反转出现了。我发现在许多关键的顶部和底部经常会出现这种情况。

实践操作中的难题

前面曾说过，我会分析一些交易者在实践操作中遇到的问题。有些问题很复杂，或者说非常复杂，要解决它可能需要交易教练或心理学家的介入（参见第16章）。我们可以来看一些提示性线索。

当然，我已经讨论了许多内容。由于受到情绪的驱使，大多数交易者的交易都过于频繁，而那些不敢交易的人常常存在着更棘手的问题。在这

> 由于受到情绪的驱使，大多数交易者的交易都过于频繁。

些问题中，有的可能仅仅是出于恐惧；有的可能是由复杂信念系统（比如认为交易不是一件真正的工作）所导致的，这些信念系统使他们陷入不知所措的状态；还有的问题可能是受到了早先经历的影响，也许是发生在童年时的，这些经历已深深地植入了交易者的潜意识中。

找一本关于神经语言程序学的好书来看，对于改善信念系统会有很大帮助。相比于聘请一位心理学家，这是比较省钱的选择。但你不需要直接去找一位交易心理学家（尽管这么做可能会比较节省时间），因为当地的神

经语言编程师也许对你会有所帮助。一切都取决于问题可能是什么。

如果你的问题是由于恐惧，也许有一个简单的策略对解决问题会有帮助：

1. 首先通过一段时间的虚拟交易来建立对自己的交易系统的信心。如果你还没有构建好交易系统，那么还是不要进行交易。

2. 在虚拟交易的同时，练习给你的经纪人打电话咨询如何下真实的交易指令单。

3. 然后找到一个朋友或同事，你可以向他下达虚拟的指令单。在美国也有经纪人提供相同服务。

4. 然后给经纪人打电话下真实的交易指令单，并开始真实的交易。

这个过程不一定奏效，但它应该有助于更精准地查明问题所在，并且对增强自己交易系统的信心很有帮助。

一般来说，任何问题都应该被视为一份上天恩赐的礼物，因为问题常常带来解决方案，而这将可能产生巨大的回报。这也就是为何我不喜欢将新闻分为"好"或"坏"的原因。用这种方式看待问题，你会立刻振作起来，并且更可能将问题视作挑战（本来就是）。同时，你也就不太可能陷入问题自身的泥淖。

此外，在经过仔细分析、补救措施（包括演练）、结果反馈、再分析等步骤后，所有问题都会呈现它们的礼物（解决方案）。解决方案可能会是颠覆性的，这也许是最佳的选择。在此过程中，你也可能会全面地重新审视自己的信念系统，而这么做只有好处没有害处。

还有一个对获得解决方案或许很有帮助的简单技巧，它由四个问题组成，分别是：

1. 我希望得到什么?

2. 我打算如何得到它?

3. 实现之后我将会拥有什么? 描述自己预期的情绪。

4. 之后我又希望得到什么? 这是对问题 1 的重复,然后按照以上问题的顺序不断追问,直到得到"正确"的答案。

通过这样的循环追问,你可以学到许多东西,可能会达到某种自古以来所有伟大的潜修者和圣哲都曾寻求的"空无"之境界。

· 小 结 ·

- 在交易环境中没有什么东西是一成不变的。所有我们可以倚赖的只不过是些有用的谎言而已,即那些好与坏取决于结果的假说。

- 当进行一笔交易时,我所经历的心理过程是与众不同的。我在本章中对其进行了详细描述。

- 有些交易者在操作实践中会遇到问题,但总会有办法将这些问题的影响减少到最低程度,或者至少有办法可以查明问题所在。

- 问题总是会随之带来解决方案,因而应该将问题视为上天恩赐的礼物。

| 第 14 章 |

整体结构 = 利润 / 亏损

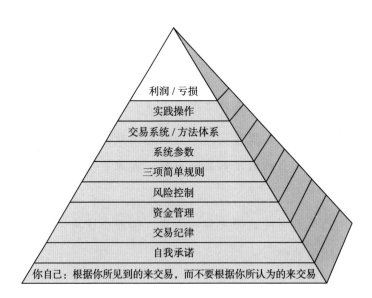

我们已详细地讨论了金融交易金字塔，并且除了最高层次"利润 / 亏损"之外，已完成了其他所有层次的介绍。最后这一层次极其简单，它就是指你的交易结果，但它也是至关重要的并且决定了整个结构。如果你正在稳定持续地赚钱，那么你就已经建立了一个可靠的结构，你的金字塔结构是完善的。如果你正在持续不断地亏损，那么它就不是一个可靠的结构。即使你正在赚钱，也不要错误地认为你已经到达了成功之路的终点。这条路没有真正的终点，总是还会有进一步改进的余地。交易是真正的终生体验。事实上，我发现交易逻辑既可以阐明交易中的情形，也同样适合于阐明现实世界中的情形。

所有交易者都需要知道以下三个问题的答案：

1. 为什么大多数交易者会在市场中亏钱？

2. 怎么才能够盈利？

3. 如何才能实现转亏损为盈利？

本书已提供了这些问题的答案，可以被概括为以下三点：

1. 大多数人之所以亏损，乃是因为他们正在参加一场大型的负和游戏，在这样的环境中他们的行为会显得较为情绪化。

2. 我们可以通过遵循交易金字塔的结构体系而盈利。

3. 描述转亏损为盈利的过程有许多种不同的方式。第 2 章中的交易者进阶历程和 55 个步骤就是其中两种方式。第三种方式是从情绪化交易到机械化交易再到直觉化（或专家型）交易的过程。在交易金字塔结构中，这是一个非常重要的过程。起初，我们所有人都是以情绪化交易开始的，尽管我们可能死都不愿承认这一点，并且可能无法意识到事实就是如此。实际上，第一个重大进步就是意识到自己是在进行情绪化交易。在这种情况下，我们起初投身市场的原因可能是我们最大的敌人。前面说过，很少有交易者会认为自己是由于想要从事交易而开始交易的。比较典型的情况是，有些人已经在职业或生意上取得了成功，他们正在寻找新的挑战。可能对于现状感到有些倦怠无聊，可能这种倦怠无聊感是交易的真正原因，但他们自己仍旧没有意识到这点。请你猜一下结果会怎样？当这样的人感到倦怠无聊时，就会受心理驱使而去交易。这样的时刻并不必然对应着出现低风险交易机会。同样的情况也适用于那些受自卑、自负、强迫症等问题困扰的人，我们还可以完整地列出交易者经受过的因各种情绪问题驱使而进行交易的冗长清单。当你开始使用某种机械化交易方法时，你才能够看清楚你正在做的事情中有哪些是本不应该做的。于是，你可以开始着手找出这样做的原因。这时你才可能开始取得真正的进步。我知道自己正在翻来覆去地重复这些话，但这一步对成功而言确实重要！

从这个意义来讲，交易金字塔是一个真正具有有机活力的体系结构。每个层次都向其他层次提供反馈。一旦你更了解你自己，你就可以开始调整金字塔中的所有层次使得它适合你自己。通过这样的方式，你可以得到一套真正量身定制的方法，并且可以熟练（出乎直觉）地使用这套方法。我不相信机械化交易是交易的终点，但它是前进路上的一个重要步骤。当你拥有一套准机械方法（或者纯机械方法），并成为使用该方法的行家里手，以至于你可以出乎直觉地否决某些交易时，那么你将发现财富会真正地向你自动奔来。本书的目的就是带领你实现这个目标。

· 小 结 ·

■ 交易结果是判断你的金字塔结构是否完善的唯一标准。

■ 我列出了三个所有交易者都需要回答和理解的重要问题：

　1. 为什么大多数交易者会亏损？

　2. 怎么才能够盈利？

　3. 如何才能实现转亏损为盈利？

■ 交易金字塔内部的反馈作用是使得金字塔体系结构具有有机活力的关键因素。

第 15 章

止损与价格接受

止损是否必要

任何交易者都必须首先问自己的一个问题是："我是否需要止损？"止损是一把地地道道的双刃剑，它有很多好处，但也要付出相当大的代价。我曾用嘲讽的口吻说过，大多数交易者不应该使用止损。这样的话，他们会很快被淘汰出局，这将节省许多时间并免去许多烦恼。

然而，我对这个问题真正的答案是，我需要止损否则我无法正常交易，其中部分原因是我利用图表形态来进行交易。对于我的交易而言，除了市场价格运动之外没有任何基本面依据。我采纳了一个信号，比如回测失败信号，那么当回测失败形态被破坏时我就必须离场。总是存在某个价格水平使得原先的图表形态不再具有任何意义，于是我就会离场。但事情没这么简单。我整套交易方法是建立在每笔交易的风险不超过 1%～2%的基础之上的。如果没有止损，我就无法做到这一点。因此，我得出的结论是，对我而言止损是必不可少的。

但对你而言，止损并非必不可少。我记得在《金融怪杰：华尔街的顶级交易员》①一书中读到过某位顶尖交易者的故事。这位交易者手头持有一个巨额的债券头寸，这个头寸的走势连续几个月大幅背离他的预期方向。过去我曾用它作为一个你也许可以不使用止损但安然无恙的例子。不过我的逻辑当时是建立在一长串的前提之上的，即如果你是世界上最优秀的基本面交易者之一，并且你有大量的资金可以自由支配，你还有坚忍的意志承受这样的亏损，那么你就不需要使用止损。

我希望更加仔细地审查前面这个逻辑推断，尽管它不是事情的全部，但的确提供了一些信息。这句话里存在三个不同寻常的观点：

1. 为了避免使用止损（包括心理止损在内），实际上你必须基于某些观点进行交易。无论你采取基本面分析还是技术分析（或者两者兼具），你的态度可能是当你的分析证明交易错误时你将离场。不幸的是，这可能永远不会发生。举一个技术分析方面的例子，如果因为出现超买信号而在市场中卖出，你可能会很惊愕地发现，在你卖出之后的很长时期内仍会持续出现非常多的超买信号。如果你是一个好的分析师并且已设计出自己的方法，再加上你有交易记录来支持自己的观点并对此充满自信，那么你可以选择不使用止损，因为这种方法适合你。

2. 如果你没有足够的资金承受大额亏损，那么你将承担巨大的风险。市场可能会把你甩得很远。也许你总体判断完全正确，但你依旧会一败涂地。这就是我相信止损必不可少的最重要原因之一。当交易者处在学习阶段时，止损是绝对必不可少的，因为这个阶段大多数交易者对市场情况都还不够了解。

---

① 该书中文版已由机械工业出版社出版。——译者注

3.尽管你是一个优秀的分析师并且有大量的资金，但如果你发现自己在心理上仍旧无法承受大额亏损，那么就必须使用止损。

止损有许多种类型，不一定都是自动止损型的。在这点上，我必须灌输一条财富警示语（wealth warning）：如果你是一个经验不足的交易者，那么就不要依靠心理止损，它可能会重创你的财富。一些经验丰富的交易者也会

> *如果你是一个经验不足的交易者，那么就不要依靠心理止损。*

有同样的问题。在你建立一笔交易头寸的同时，从一开始就要确保设置了止损。

在交易游戏中，不同的规则适用于不同的时机。在起步阶段，你的目标是学会在交易的同时尽可能少付学费，之后你才可以尝试更高级的止损策略。

止损方法

下面列出了一个包含许多不同止损方法的清单，可供你参考使用：

1.简单地采用"市场"中的固定止损点。

2.简单地采用"头脑"中的固定止损点，即心理止损。

3.时间止损。

4.基于"价格接受"概念的止损点（见下节）。

5.向上移动止损。

6.向下移动止损。

7.考虑调整头寸但并不必然离场的止损点。

8.资金管理止损。

9. 长止损。

10. 由上述一项以上止损方法组合而成的复合止损。

除这张并未穷尽的清单之外，市场内部还存在不同类型的止损指令可以设置，并且它们在不同的交易所里是不完全相同的。因此，这个题目讨论起来可能会比较复杂。然而，复杂也就意味着存在许多选择（至少在这种情况下），因此不必有畏难退缩之心。关键仍在于先决定你希望得到什么，然后着手去实现它，当然，在行动之前先确认它是可行的。

价格接受

现在我们来谈谈"价格接受"这个词，掌握这个概念可以带来买本书所支付费用许多倍的回报。在第 20 章中，我将讨论"长钉形"价格运动。在市场中总是可以看到价格长钉形态，它有两个作用：一是使得一大批交易者止损离场；二是它们常常是趋势的良好指示。因此，你不希望被价格长钉触及止损而离场，因为它们在使你因止损而退出头寸的同时，常常确认哪些头寸是正确的头寸。解决这个问题的方法是使用"价格接受"信号，但世上没有免费的午餐，使用它是需要付出一定代价的。

价格接受是价格拒斥的反面。也许先解释价格拒斥会比较容易理解一些。我们假设，富时指数在 4600 点处有强烈支撑（或者标准普尔 500 指数在 923.00 点处有强烈支撑），当市场价格运行到这些价格水平线之下时，会再一次迅速回升到价格水平线之上。再假设我们看到富时指数跌到 4597 点或者标准普尔 500 指数跌到 922.90 点之后，随即出现了强烈反弹。这就是价格拒斥信号，如果买入反应足够强烈（仅仅在支撑位上冒个尖是不够的），那么它是一个强烈的买入信号。但如果已经建立了多头头寸，我们就不希望在经历这样的价格长钉过程中"失去"头寸。如果在富时指数5898点和标准普尔500指数1119.95点处⊖设置了市场止损，我们将因触及止损而离场。但如果等到价格在这些关键价格水平被接受后再行动，我们就不会触及止损而离场。上述例子是价格拒斥的典型例子，在几分钟之内市场就拒斥了关键价格水平下方区域并再一次重返关键价格水平线之上。但如果我们看到价格在这些价格水平下方停留超过一个半小时并且实际上仍在加速下跌，我们将有充分的理由相信出现了价格接受。图15-1和图15-2分别用线图和市场剖面图表示了价格接受形态，但在价格接受与拒斥之间存在某些灰色地带。每一位交易者都应当分清楚价格接受从哪里开始以及价格拒斥从哪里结束，这都取决于你的方法。就个人而言，我发觉出现明显的价格拒斥相当困难，如果价格低于我的止损位超过10分钟以上，我很少再继续持有头寸。你可以说，对我而言，在10分钟之后价格拒斥结束而价格接受开始。交易者必须决定什么样的设定最适合自己的交易。用市场剖面图的术语来说，这全部与价格未延续和价格延续有关。在市场剖面图术语中，价格长钉可以被定义为由最多不超过两根30分钟线（或两条时间价格机会序列）构成。价格接受可以被定义为在关键价格水平下方的价格延续，而价格延续由三根30分钟线（或三条时间价格机会序列）构成。因此，如果我们看到一个价格在关键价格水平下方超过1个小时，就得到一个价格接受信号。

⊖ 原书中表述为此，但根据上下文应分别低于4600点和923.00点，疑有误。——译者注

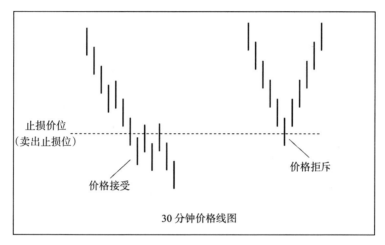

图 15-1 价格接受和拒斥：价格线图

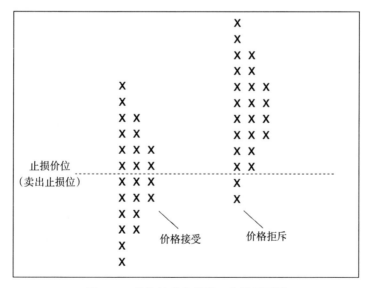

图 15-2 价格接受和拒斥：市场剖面图

这项技术的好处在于可以让我们继续保留那些能够维持长时间走势的交易头寸。因此，该技术提供的上涨潜力是非常大的，但代价是如果止损离场，通常会比原先损失更多。因此，你必须权衡风险（额外的成本）和回报（额外的利润）之间的比率。但请记住，这是一种非常低风险的交易机会。成本总是非常低，但盈利可能很高。因此我建议你将它纳入你的交易中。这种技术不太适合交易新手，你要确保在需要退出的时候能够退出。

现在，我们再回过头来说说那位在《金融怪杰：华尔街的顶级交易员》中接受访谈的债券交易者。我说过，我起初的想法并不是事情的全部。之后我认为，这位交易者不使用止损仍旧是不明智的，因为如果采取止损措施，他可以在价格上扬时重新进场。然而，我现在意识到，这也是对交易究竟是怎么一回事情的一种误解。关键在于个人交易者必须发现一种适合自己的方法，唯一的指导原则就是确立这样一条底线：盈利还是亏损。

有太多的交易类书籍经常提出规则：你必须这样做，或者不能那样做。但情况不是这样的。你有你自己的交易个性，并且你需要发现一种方式使得自己可以在市场中成功地表达这种个性。它可以采用止损，也可以不采用止损。但我相信，可以成功地避免使用止损的交易者凤毛麟角，至少在期货和期权交易市场中是如此。

·小结·

- 你必须仔细考虑是否需要止损。大多数交易者需要止损。
- 我讨论了不同类型的止损指令。
- 价格接受和价格拒斥是市场价格运动的关键内容，交易者应该好好考虑它们。
- 止损需要适合你的交易个性。

第 16 章

需要找交易教练吗

如果你认为教育成本是昂贵的，那么试试无知的成本吧！

——德里克·博克（哈佛大学前校长）

我认为交易技巧是最难学会的技巧之一，然而有多少交易者会找一位教练来帮助自己学习交易呢？谈到高尔夫、网球或帆船运动，或者其他大多数运动，我们可能会不假思索地找人来帮助我们训练。但是对于交易，我们似乎表现出截然不同的态度。当然，交易教练收费不低，但依我的经验，比起许多人在市场中遭受的亏损，他们的收费算是比较便宜的。

> 交易教练收费不低，但依我的经验，比起许多人在市场中遭受的亏损，他们的收费算是比较便宜的。

如此一来，情况就变得有些荒谬。在市场中赚到钱并不难，但你需要学习许多事情（同时你也需要"不学习"许多事情）。你可以通过自己交易、阅读本书、我的专业期刊和我们所推荐的书籍，学习这些内容。但单单这样是不够的。学会去实践那些理论的东西，终究证明是相当困难的。

那些打高尔夫的人非常了解这个问题。知道如何去完美地挥高尔夫杆是一回事，在关键时刻实际能够做到则是另一回事。交易也是如此，光知道自己应该做什么是不够的。这时就需要教练了，他不仅帮助你明白自己应该做什么，而且还帮助你实实在在地完成它。

接受教练指导的益处

有许多这样的交易教练，我所知道的就有艾德里安娜·托格雷伊、范·撒普和马克·道格拉斯三位。我自己也从事一些教练工作。上述三个人的培训总部都设在美国，他们各自有不同的专业背景和方法。我的某位客户曾在其中一位教练那儿学习过一段时间，他告诉我：

> 我参加这个培训项目时间已超过一年，我可以很容易地写出关于这个项目的情况以及对我产生的影响。
>
> 我必须强调"对我而言"这一点，因为交易者及他们自身的问题是多种多样的。每个人的需求也是不同的，就像你的医生，他无法治疗所有的病。但如果只是因为你喜欢你的医生，我就无话可说了。
>
> 这个培训项目可以使个人的交易成绩和生活得到显著改善。在我看来，个人交易成绩和个人生活质量是紧密关联的。人们通常只会想到请交易教练可以带来提升交易成绩方面的好处，而不会想到他们可以带来"生活质量"方面的好处。在考虑我的评论意见时，请记住，交易对我而言只是一种业余爱好，不是一项全职工作。
>
> 这些巨大的"生活质量"好处来自学会了如何深入内心和如何增强自我反省意识，从而克服自暴自弃行为以及其他消极行为。
>
> 从家庭自学课程到研讨班再到一对一咨询（我选择了这项服务

内容），培训项目的每个阶段都同时提升了交易成绩和生活质量。

无论是对财富获取、自我反省意识、生活质量还是更出色的交易而言，这始终是一趟具有启发意义的旅程。如果一个交易者在交易成绩上很出色但在生活质量上很糟糕，那又有什么意义呢？难道活着仅仅意味着赚钱或亏钱吗？

到目前为止，对我而言最大的收获来自培训项目中的一对一咨询服务，我尚未结束这个阶段的培训。以我的感受，该培训项目的获益是如此巨大以至于无法估量。鉴于此，这是我做过的最合算和最具吸引力的交易之一。

但我们也必须意识到，所获得的益处直接与个人的承诺与付出有关，并且它确实需要一个不间断的付出，特别是在实现能够带来交易进步的自律提升方面。

我的生活质量和交易结果已大有改观。

我还能说什么呢？

（以上部分内容经过本书作者略微修改。）

我很高兴收到这样的一封信。我也许没有直接功劳，但这位客户正在获益是我咨询工作的直接结果。我的理念非常简单。我的每一位客户都应当得到最好的建议，即使这意味着需要向我的客户推荐去接受别人的培训服务，我也会毫不犹豫地这么做。

在接受交易教练（有时也被称为交易心理学家）指导的人里，这样的意见反馈非常典型。下面是某位学员对其交易教练艾德里安娜·托格雷伊的一段评论：

我想对你在培训班上的出色工作表示感谢，尤其重要的是要感谢你为我提供了出色的个人咨询服务。在经历了我们共同尝试多种不同交易技术的过程之后，我的成功（包括生活中的成功）来得既出乎意料又源源不断。我必须承认，能够遇见你，我感到非常高兴，你对我的生活产生了重大影响。我希望会有更多的人可以从你的指导中获益。

如果你正思忖在市场中获得稳定持续利润并且享受高质量生活将会是怎样一种感觉，你将会明白这些客户所说的话。但正如生活中任何有价值的事物那样，你都同时需要付出自身努力，而非仅仅交了学费就万事大吉。我将在本章后面再来谈学费的问题。

艾德里安娜·托格雷伊

先告诉你们我决定聘请艾德里安娜·托格雷伊作为我的个人"教练"的原因。几年前，我做出了两项重大交易决定。第一项决定是设计并启用一套（实际上不止一套）交易系统。第二项决定是停止交易期权，尽管我现在已经收回了这项决定。这两项决定对我的交易产生了举足轻重的影响。一旦开始使用一套交易系统，我便意识到我的弱点所在。为什么我使用这套系统赚到的钱比本该赚到的要少？一旦停止交易期权，我就看清楚了自己过去所作所为的面貌。事实上，是我想让"交易系统化"的决定导致了我停止卖出期权。我现在清楚地知道自己在哪些地方需要改善，这些地方可能也是许多读者需要改进的共同领域。

在此我需要插一句，让我重新开始交易期权的原因，并非后来我懂得了更多期权交易方面的知识，而是懂得了自己的交易心理。

首先，我明白了必须减少交易次数——我往往采纳过多不同的信号。

当你经历了一段成功期后，这可能会成为一个突出问题，因为你会变得过度自信，并且采纳看到的一切信号。当你这么做时，你的利润会迅速消失。多年来，我曾见到许多客户对自己表示惊讶，他们可以获得利润但从未能够保住这些利润。

其次，我需要让利润更稳定持续地奔跑。上述两个问题都与交易纪律、情绪纪律有关。这就是教练发挥作用的地方。他会帮助你找出是什么原因阻碍了你执行交易纪律，并教给你可遵循的方法来帮助你强化自己的内在纪律，并且持续地指导你直到方法见效为止。届时，一开始交的学费与你可以从市场中赚取的利润相比就变得微不足道了。

在我自己的交易中，我发现我在稳定持续地实现自己的目标。我曾采纳太多的交易信号，但艾德里安娜·托格雷伊建议我在每笔交易之前先对其进行评级。我发现这是一条有用的纪律。我已经从自己的经验中明白，必须让利润奔跑。我发现自己现在已能够做到这一点。

本书的一些读者，可能无法理解在交易中需要止损，或者无法养成执行止损的纪律。这往往是交易者在其早期交易生涯中面临的两个最大问题，可能会导致你因亏损而出现行动瘫痪现象。当我说"行动瘫痪"这个词时，我指的是，你可能会发现，达到一定额度的亏损确实可以使你的行动瘫痪，就像眼镜蛇用剧毒使猎物失去知觉那样。我们都曾经历过这样的事情，至少我肯定经历过。一旦经历过，我们就

> 你可能会发现，达到一定额度的亏损确实可以使你的行动瘫痪，就像眼镜蛇用剧毒使猎物失去知觉那样。

会明白为什么需要止损，并且也需要执行止损的纪律。但也许还存在一条更容易的途径。

入门步骤

然而，开启对自身有益的学习过程并不需要花费很多钱。有许多入门步骤可供选择，这些入门步骤可以让你更清楚地知道你将如何获得益处。有一种入门步骤是参加范·撒普在家自学课程（Tharp's Home Study Course），但作为入门步骤，其费用相当昂贵。你在当地书店可以买到与该课程内容相同但价格便宜得多的书籍，例如关于压力管理、综合健康、节制饮食、神经语言程序学之类的书籍。我也推荐艾德里安娜·托格雷伊的著作《获胜的优势》（*The Winning Edge*）（如何在交易中使用心理力量），它非常适合作为入门书籍。这本书定价很实惠。艾德里安娜·托格雷伊还出版了针对处理具体交易问题（例如纪律、动机、自信心等）的录音带。

最后，我希望读者不要去购买那些将会证明是毫无益处的东西。然而，非常明显的是，交易教练的指导服务可能会带来巨大益处。尽管这不适用于所有人，但赢家勇于追求自己所需要的东西。如果你认为在交易方面还有改善的余地，那么你应该为此做些什么？第一步就是决定要成为一名赢家，并且追求这个目标！

·小结·

- 在其他活动中（尤其在运动方面），人们常常会请教练来帮助训练指导。读者应该考虑在交易中也这么做。
- 就我自己的经验而言，交易教练的价值是不可估量的。
- 下一步也许是购买合适书籍并且不断提高自己，但真正的实践操作具有无可替代的价值。

第二部分

T H E   W A Y   T O   T R A D E

市场技巧和方法体系

| 第 17 章 |

几项基本原则

在我的第一本著作《交易手册》(the Trading Manual)里，我推荐过一个卖出对称期权头寸（既做空认沽期权又做空认购期权）的策略（该策略不适用于任何已感知的、未来可能发生的定向价格运动）。这是一个有效的策略，但我多年使用该策略进行交易的经验表明，还有一种更好的交易方式就是简单地持有单向头寸，即要么做空认沽期权，要么做空认购期权（但不是同时卖出两者），要么直接持有期货。

我知道有些读者会被"做多"和"做空"这样的词汇搞糊涂，所以我简单地解释一下。在市场中，做空头寸指的是向市场卖出头寸，做多头寸指的是向市场买入头寸。同样，做空期权头寸指的是卖出期权。如果你做空看涨期权，那么你拥有做空头寸，也就是市场下跌你将获益。如果你是做空看跌期权，那么市场上涨你将获益，也就是说你实际上在做多。如果还有人仍

在市场中，做空头寸指的是向市场卖出头寸，做多头寸指的是向市场买入头寸。

旧搞不清楚，请随时利用本书附录 A 中提供的联系方式与我联系，我将提供详细的免费咨询服务（限时 5 分钟）。

我现在相信，还是持有单向头寸比较好，理由非常简单，因为最好的市场逻辑都是简单明了的。如果方向判断正确，那么它交易起来要比你被迫做对冲更简单，利润也更丰厚，而持有对称期权头寸总是需要进行对冲。再者，如果你确实在方向判断上出现了错误，那么你在之后的阶段建立一个对称头寸也不迟（如果你愿意这么做的话）。你可能会浪费一些时间，并且可能会错失原先的好价格。然而，我将这些副作用视为一种非常合理的代价，用来换取单向交易提供的好处。换言之，这代表了低风险交易机会。但我必须强调一点，所有交易都以价格为基础。1997 年，期权权利金价格非常可观，我发现某个期权策略非常奏效。到 1998 年年末，情况依然如此，但过度的波动性产生了一定的负面影响。因此，我前面的观点必须与当时市场具体情况联系起来才有意义。

基于以上结论可以推导出其他一些原则。首先，趋势正在移动的方向常常是非常清晰的，所有交易者必定知道这一点。在这种情况下，我们希望顺市场之势而为，而非逆市场而为。采用对称期权头寸，我们至少有 50% 的概率是与市场背离的。其次，我在前面已说过，如果交易对称做空期权头寸，你总是必须采取对冲措施。然而，当我这样说时，其实隐含着一个未加说明的假设（永远要防备这样的假设，因为它们可能会误导你），就是你所卖出的是接近实值期权，即行权价接近当前市场价的期权。有些交易者在虚值较大的情况下卖出期权，而这种情况下并不一定需要进行对冲。这是个好消息，因为在虚值较大的时候卖出期权，收到的权利金通常不足以弥补对冲的成本，这就是我不采取这种交易方式的原因。

较为一般性的原则

谈到这里,应该列出一些我相信会影响到所有交易策略的基本原则:

1. 总是会存在一个市场逻辑,它将对你所采用的每个策略产生影响。

2. 如果没有采用任何纪律策略,那么你的交易充其量只是随机行为。

3. 如果采用了某个纪律策略,那么你将开始了解自己的许多交易心理状况,并且知道它们如何影响你的交易行为,因而你将开始取得一些实质性的进步。

4. 卖出对称跨式期权的市场逻辑是,大部分时间里你会赚到钱,但是每隔 6 个月左右,你会经历一段难熬的日子。人类心理就是这样——当事情进展顺利时,人们就会自然而然地增加头寸规模,而之后情况变得不妙时,则常常迫使交易者吞下被淘汰出局的苦果。

5. 无论你是卖出接近实值期权还是高虚值期权,第 4 点都是适用的。高虚值期权的问题在于,亏损金额可能与获得的权利金完全不成比例。

6. 市场总是诱惑大部分人以错误的方式进行交易,即诱惑他们朝着即将到来的趋势的相反方向进行交易。

7. 第 6 点可以解释为什么许多人会选择交易一个对称头寸。如果无论怎样你都可能出错,那么至少有一半正确岂不更好一些?我相信,有两个理由可以证明这种逻辑是错误的。首先,因为遭受另一半错误所带来的副作用要远远盖过得到另一半正确所带来的好处。其次,因为有许多方式足以得到较多正确结果,所以不必总是遭受另一半的错误。

8. 举出一个在中期时间框架内(也就是接下来几天中)市场朝着某个方向运动的明显实例是较容易的。然而,通过卖出期权来交易这种信号,确实会造成时间框架之间的冲突。当你依据可能只给予你 4 天优势的信号而卖出某个（假设）还有 4 周左右到期的交易对象时，这么做是否符合逻辑？

9. 卖出期权是一种低风险交易策略，关键在于要按照你的交易风格的逻辑来利用这些有利条件。本书涉及这方面内容的论述，而且这些内容对运用其他策略也有帮助。

10. 交易者需要解决的另一个关键问题是：一次全部建立头寸比较好，还是逐步建立头寸比较好？

11. 最近，我在与经纪人的交谈过程中再次想起了截断亏损和让利润奔跑的重要性。从心理上我们都更倾向于反着来做——当看到一笔利润时，我们希望尽早落袋为安，而当将要失去这笔利润时，我们会变得恐惧；当出现一笔亏损时，我们希望会马上转亏为盈。这两种心理反应所造成的结果是，我们过早地兑现利润而让亏损奔跑。这么做是致命的，其中的逻辑显而易见，亏损也必然会发生。如果想让利润超过亏损，你就必须让利润奔跑。

12. 市场趋势往往会比预期走得更远。一旦市场开始朝某个具体方向移动，就很容易持续下去。因此，利用回调进行交易是一种不符合上述逻辑的行为。如果你决定这么做，请确保有一个近旁的交易参考点。最好还是等待出现低风险机会时再交易。以我的经验，回调常常不会给予这样的机会！

低风险交易机会

> 成功交易的基本特征之一就是形成低风险理念，并且交易者拥有这样的理念越多，他就越优秀。

成功交易的基本特征之一就是形成低风险理念，并且交易者拥有这样的理念越多，他就越优秀。我的主要理念有下列几项：

1. 卖出期权。

2. 借助市场剖面图理论在价值区域上方卖出或者在价值区域下方买入。同时，使用"价格未延续"形态作为交易参考点。我可能会通过卖出期权、买卖期货，或者在极其罕见的情况下（最近4年没有出现）买入期权来抓住这样的机会。

3. "形态中止"这个概念也是我正在使用的低风险理念之一（参见第22章）。

上述所有这些概念将在本书后面更详细地讨论。

我将"低风险机会"定义为具有以下一系列特征的交易机会：

1. 它的潜在回报要远远高于潜在亏损。

2. 止损位与市场价格比较接近，并且其设定以可靠的逻辑为基础，也就是根据"价格未延续"形态来设定（参见第18章）。

3. 理论上它是顺着而不是逆着已知趋势方向的。

4. 理论上进场价格水平并不会维持较长时间。

任何低风险理念皆是如此，这也就意味着需要注意下列事项：

1. 不要在重要新闻事件发生前夕建仓交易。

2. 不要在交易日的后半段建仓交易，尤其是星期五那天。

3. 不要在风险增加或者在近期内风险容易增加的时候（无论出于何种原因）建仓交易。

这些事项可以通过那些常常出现在市场主要顶部或底部的现象来解释说明。市场处于某种极端价位，要么方向朝上要么方向朝下。这时，一个似乎支持这种趋势延续的新闻事件出现了，但实际上却发生了强烈的反转。关于这点最好的例子可能是伊拉克战争的爆发，它导致了市场强烈的上涨，其中的逻辑显而易见。普通交易者都行动起来抢这个即将出现反转的机会，但交易大户采取非常严格的风险控制措施，也正因为这样他们才能成为交易大户并坐稳大户交椅。因此他们会在新闻效应消退之后才进行交易，因为这时不太会再出现更加惊人的影响他们交易的消息了。观察这样的价格运动并等待新闻效应消退是明智之举。我意识到上述这点在本书的其他地方也有谈及，但它对理解市场价格运动非常关键。

有人可能会提出异议说，如果等待新闻出炉后再行动，可能会错过最好的那段价格运动。这话一点也没错。但如果你在新闻发生前夕进行交易，那么你并非在把握低风险交易机会，如果这样交易，你不可能在交易游戏里存活较长时间。

低风险是绝对必要的

对于"低风险机会"，我再谈最后一点。当我第一次听到别人说这个词时，立刻想道："啊哈，这就是关键所在！"并且它的确是。但我曾经更倾向于相信存在"圣杯"（参见第 3 章"证券混沌操作法"一节中的注释）。令我自己都感到震惊的事情是，即使在长达 10 年的交易生涯之后，我内心深处仍旧怀有"圣杯"情结。因此，当别人向我解释低风险的理念时我感到有些失望。"真的只是这样的吗？"我对自己说。这是"荒唐"的。世界上不存在"圣杯"，而低风险交易机会是你需要把握的全部。当然，它算不上十分巧妙的技巧，但如果你想取得成功，它就是你在交易时应该遵循的方式。我并没有说你必须采用本书中所提出的这些方式，事实上还存在许多其他的可行方式，但这些方式都应该遵循前面所列出的指导原则。

交易诀窍

以下列出的这些诀窍是我从市场和交易中学到的。我在准备列表过程中遇到的难题之一就是，许多重要的原则我现在已经通过"下意识"的方式在执行。一个很重要的问题是：做得好的事情，通常是我们下意识地做的结果；做得糟糕的事情，通常是我们有意识地做的结果。尽管如此，我将尽我所能把它们写出来，并且除此之外你还需要学习许多其他的教训。

1. 总是竭尽所能地实现交易风险最小化。

2. 总是依据某类参考点进行交易。所谓参考点，就是你可以根据在那个地方所看到的价格运动来判定自己出错了并且应该离场。如果你正试图在某次上涨过程中做空，或者在某次下跌过程中做多，尤其应该如此——在进场之前等待出现某些反转，或者使用前一个参考点（即使这样也最好还是等待反转）。这个教训是我在市场不断地给予我强化刺激的过程中获得的。我相信每份合约花费 15 个点左右的成本是较为合理的学费，而且很明显，有些东西我需要学习。也许此诀窍可以概括为"无论何时进入交易，你都必须知道下行的可能性空间有多大"。

3. 坚定持有头寸，除非你看到有些情况确实改变了你的头寸状况。我在这方面曾经存在严重问题。我会根据某个坚实的交易信号（预计可以维持较长时间有效性的信号）建立一笔头寸，但之后我看 5 分钟价格线或者其他同样短期的图表，如果看到有些使我认为市场正在反转的迹象，我会退出头寸。当然，有时这么做是正确的（经久不衰的"随机强化"现象再次出现），但实际上：

（1）短期信号无法否定较长期的信号，据此采取行动是不明智的。

（2）起初的短期信号也许只是一种假象。

（3）即使某种程度的反转确实出现，通常也不会对较长期信号构成挑战。

当然，还存在一些其他因素会使得你过早地退出一个好头寸。但需要意识到一点，一旦你持有某个已获利头寸，你开始恐惧出现反转，这种恐惧会变成强有力的动因促使你离场。你需要学会如何去处理这样的恐惧。

4. 一般来说，最好是在建立某个头寸之前先等待某种形式的确认信号出现，特别是如果在高点附近买入或在低点附近卖出的话。因此，如果还需要等待几个点的上涨或下跌，千万不要提前行动。如果你在更好一点的价格水平上已看到某些其他形式的确认信号，那么就不一定需要等待了。

5. 无论何时建立头寸，你都需要知道自己将会在何种价位离场，在何种价位对冲（如果必要的话）。务必要做到这一点。

6. 要形成一套适合你自己的方法体系（参见第 12 章）。一旦有了这套方法体系，请对自己的交易结果进行认真的记录，尤其是记录那些由于缺乏交易纪律而未能有效执行自己策略的实例。必须弄清楚为什么这样的情况会发生。要根据自己的成功率来建立一套严格限定的资金管理系统。

7. 要知道何时应该突破规则。虽然这必然会把事情搞复杂，但交易是一门艺术而非科学，因此这条规则（指突破规则的这条规则）有时是必需的，但通常情况下最好还是忽略它。

8. 你将会明白，当遵循一个有纪律的方法进行交易时，在你的交易中最重要的因素是你自己。提升自己需要付出不断的努力，而在这方面我可以提供一些帮助。

9. 必须学会让利润奔跑。在懂得移动止损位法锁定利润之前，你难以获得利润。即使你懂得了移动止损位法，隔夜的跳空缺口（或者快速价格运动）也可能会使你的止损位失效。

· 小 结 ·

- 单向做多头寸和单向做空头寸通常要比对称头寸好。
- 我列出了一些我个人感觉对所有交易者都有用的一般性原则。
- 选择低风险交易机会是绝对必要的。

| 第 18 章 |

市场剖面图与价格未延续形态

市场剖面图

市场剖面图是一种将市场价格信息整理为某种特定形式的方法，它对那些希望从市场交易中获利的人比较有帮助。彼得·史泰米亚发明了这种方法，他的天才发明其实很简单，他只是把古老的统计工具钟形曲线引入了市场。钟形曲线一直像是魔法师手中的法宝，它也许无法把铅变成黄金，但

钟形曲线也许无法把铅变成黄金，但可以把混沌变为有序。

可以把混沌变为有序。有人可能会说这是一项令人印象深刻的技艺（参见图 18-1）。

也许关于死亡年龄的统计数据是最好的例子。一群人临终时的寿命数据看上去可能非常随机，身高、脚的尺码等数据也同样如此。但在样本数量很大的情况下，我们可以得到一个正态分布，即钟形曲线。少数分布在

两端，大多数分布在中间。市场中的情况也常常如此。

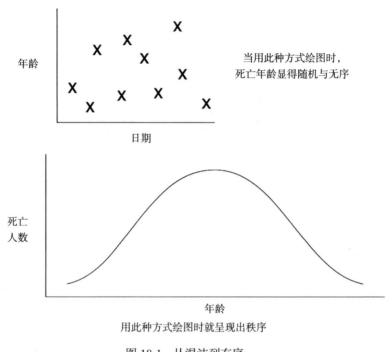

图 18-1　从混沌到有序

　　部分交易者对市场剖面图理论中的某些术语可能还不太熟悉。我现在设法对部分术语进行解释。

　　交易者常常谈论"趋势"和"无趋势"市场。市场剖面图使用相似但有区别的概念，即"平衡"和"不平衡"。

　　当现金流入或流出市场时（源于较长时间框架的买家或卖家交易行为），会导致剧烈的价格运动，这种价格运动被称为"不平衡"。之后市场必须消化这种运动并产生新的"平衡"。

　　在每个交易日的剖面图中，相似的概念是"价格延续"和"价格未延续"。我把价格延续定义为水平方向上至少出现 3 个时间价格机会叠加的状态。价格未延续则定义为水平方向上只出现 2 个及以下时间价格机会叠加的状态（参见图 18-2）。时间价格机会是构成市场剖面图的基本单元。在 30 分钟价格区间中出现的每一个价格都是一个时间价格机会。因此，价格未延续意味着价格在这个价位上维持时间不超过 1 小时，价格延续则意味着价格在这个价位上维持了 1 小时以上。在典型的剖面图中，价格未延续发生在极端价格处而价格延续发生在中间位置（参见图 18-3）。如果我们去看一张人类身高的概况图，我们将会注意到身高在 1 米以下和 2 米以上的人数都不是很多。在市场中，一个具体交易日内的价格运动常常形成一个"钟形曲线"（这是典型的"市场剖面图"形式）。价格运动比较快的地方不会形成价格延续，因此我们将其称为"价格未延续"。

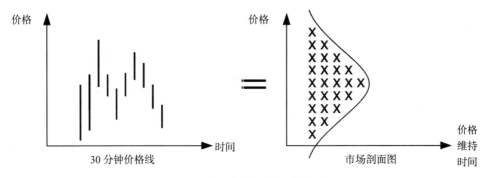

图 18-2　钟形曲线和时间价格机会

注：此处用一个"X"（即时间价格单位）来代表一根 30 分钟价格线，以此形成市场剖面图。市场剖面图通常使用不同的字母来标记不同的 30 分钟时间段。为了简化表达，我采用了全部用"X"的方式。

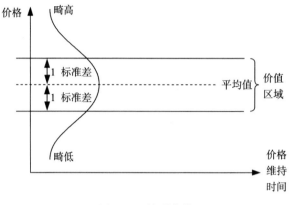

图 18-3　钟形曲线

价格未延续形态

价格未延续以多种形式出现，对市场剖面图理论而言是一个重要概念。事实上，它几乎是市场剖面图理论中我唯一使用的概念。最通常的情况，它是由不超过 2 个时间价格机会形成的快速价格运动，无论这样的价格运动是出现在当日价幅的极端价位（价格长钉）还是钟形曲线的两端。但它也指跳空缺口（极端价格未延续）和市场无法触及的价格水平（经过较长时期形成的强支撑价格水平）。从这个意义上说，价格未延续是一个外延非常广阔的概念。可以说，价格未延续给予了交易者衡量其交易的参考依据。当然，价格未延续也提供了止损位的指示。

价值区域

市场剖面图的核心特征可能就是"价值区域"概念，并且这一概念在市场剖面图的技术分析中是非常独特的，其重要性令人吃惊。当你知道价值区域在何处时，那么在价值区域上方卖出或者在价值区域下方买入就能够给予你极为需要的竞争优势。当然，并不存在固定的价值区域，任何想把价值区域测量过度科学化的企图必定会遭受失败。从统计学来说，66%的样本会包含在平均值两侧一个标准差的范围内。这就是市场剖面图如何测量价值区域的途径。价值区域就是在任何一个交易时段（或者多个交易时段）内价格平均值两侧一个标准差之内的价格范围。

我们在前面提到过时间价格机会。在市场剖面图上每个标记就是一个时间价格机会（参见图 18-4）。取这个名称的理由很明显，每个标记就是一个时间价格机会。

由于市场剖面图可以成功地应用于不同的时间框架，所以它具有"分形"特征。有一点似乎是正确的，即时间框架越长则其结果就越可靠，时间框架越短则其后续结果的一致性就越低。

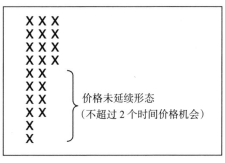

图 18-4 价格未延续形态

接下来我们要讨论一个利用上述分析形式的基本方法，我无法确定这么表述是否对"市场剖面图"理论构成贬损。首先，我必须承认，它是最简单明了的方法之一，但大多数管用的方法都是如此。该策略很简单：从较长的时间框架中（比如月剖面图）寻找一个信号，然后等待较短期的价格出现在某个合适位置。这样的话，当建立一笔交易头寸时，我们既可以在较短期也可以在较长期的时间框架上寻求获得"价值区域"方面的优势。

这可以引申出一个基本原理，即除非建立头寸后该笔交易立刻按照你预期的方向发展，否则我们就不要继续持有头寸。我们不需要继续持有，因为存在足够多的会按照你预期的方向发展的交易机会。

任何成功交易的关键都是获取低风险机会。如果你知道事情出错的时候怎么去应对，风险才可能被确定。我的方法体系使用价格未延续形态来确定交易。我采用三种类型的离场方法。第一种方法，我把资金管理止损设在市场价格预计不会到达的地方，也就是超出正常价格震荡范围的地方。第二种方法，我会在出现价格未延续的地方或者其外侧设一个"预警"价格水平线，并且如果市场价格在这个水平线上被"接受"了，那么我就离场。"价格接受"大家可能还不太熟悉，但如果在某个价格水平上出现价格延续形态，基本就可以认为该价格被接受了（参见第 15 章）。"价格未被接受"也许是一个相比容易理解的概念，长钉线就是其中一个例子。第三种方法是，如果市场没有像预期那样运行我就直接退出。当我进场时，我将寻找一个交易者参与较少的机会，如果接下来价格在这个水平被接受，那么就是一个负面讯息，我常常会直接离场。

如果一旦某笔交易处于盈利状态中，我们也采用类似的方法。

其他概念

你还需要知道一些其他概念。初始平衡区间是市场在寻找"公平价格"期间所形成的价格范围，该价格范围内发生双向交易。通常形成初始平衡区间大约需要 1 小时，但有些市场时间可能会稍微长一些或者短一些。价幅扩展是超出初始平衡区间的价格运动（参见图 18-5）。这样的价格运动要么是主动性的，要么是被动反应性的，取决于当日交易相关的价值区域位于何处。如果买家在价值区域的下方出现，那么它就被认为是被动反应性的价格运动，也就是说，买家正对较为理想的价格做出反应。如

果换作是卖家出现，那么将是主动性的价格运动，也就是说，卖家在较不

理想的价位上主动发起进一步的价

格下跌运动。在价值区域上方的情

况与前面所述的正好相反。

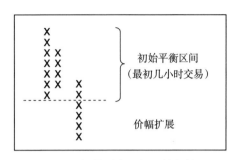

图 18-5　初始平衡区间和价幅扩展

前一个交易日的价值区域、初

始平衡区间、价幅扩展以及主动

性与被动反应性价格运动，所有这

一切都是反映市场中正在发生的事

情的指标，并且我们可以从中得到较长时间框架交易者⊖当前动向的线

索。读者可参阅本章开头提到的相关内容：较长时间框架交易者的行为驱

动着市场中的定向性价格运动。

选自《技术交易员》中的一篇文章

下面这篇文章登载于 1998 年上半年《技术交易员》的某期之中（文

章中有些内容与本书前面重复了，但对于新的概念而言，如果用不同的方

式解释几遍，读者常常可以得到最好的理解与消化）。

我们已经接受了一位机构交易者几个月的指导（在第 12 章

中所公开的访谈内容就是关于他的）。这位交易者拥有无可挑剔

的资质并已稳定持续地盈利 5 年以上。在许多专业交易者境况很

糟糕的 1994 年，他仍旧取得了丰厚的利润。他的交易风格是那

种我们也许称之为"放松型"的风格。他寻求把握中等波段，因

⊖ 为保留并强调"时间框架"这一概念意义，故在此直译为"较长时间框架参与者"（longer time frame participant），即中长线交易者。——译者注

此在富时指数期货市场中，他可能每个月仅交易两三次。但当他进行交易时，他寻求把握明显的价格运动。据我所知，有许多读者希望模仿这种交易风格。接下来我就介绍这位交易者的方法体系，但同时也会费点笔墨介绍在市场中取得成功的另一个方法。

作为我的专业期刊的读者，你们将会知道我致力于帮助你们在市场中赚钱，然而对于交易新手，我们的目标必须是先帮助你减少亏损。在过去的10年里我们已经在这个目标方面取得了一定的成功，我们现在要来阐明一位特别成功的交易者是如何赚到钱的。

交易的精髓主要就是发现和把握"低风险"机会。为了发现这些机会，我们的这位机构交易者使用了市场剖面图。市场剖面图是一种通过显示市场历史价格运动来突显出低风险机会的方法。

在进入更具体的细节之前，我们必须说，市场剖面图在许多书中都被反复介绍。本文的目标是让读者理解使用该方法体系的基础和一种使用市场剖面图的交易方式。

市场剖面图是绘制价格运动历史数据图表的另一种方法，因此可以与线图、点数图和蜡烛图等方法相比较。它与其他方法的区别在于把一天分割为了几个时间单元。起初都使用时长为30分钟的时间单元，但现在时长限制已经被突破了，交易者可以使用任何适合自己的时间单元。每个时间单元中的价格范围以与线图相同的方式依照垂直价格刻度绘制在图上，但与线图不同的是，每个单元中的价格被"挤"向纵坐标。比如，如果开盘时间单元中价格在3100点与3110点之间，那么这将被标记在图上。如果下一个时间单元中交易价格在 3095 点与 3105 点之间，那么在 3095 点和 3099 点之间的价格运动将被标记在与第一个时间单元同一条垂直线上。3100 点和 3105 之间的价格运动则将标记在第一个时间单元的旁边。以这种方式，根据每个交易日的价格运动所绘制出来的剖面图通常与钟形曲线相似（参见图 18-6 和图 18-7）。

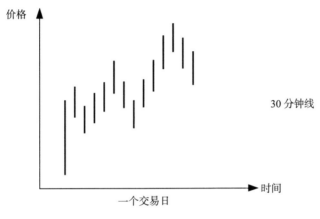

图 18-6　价格线图

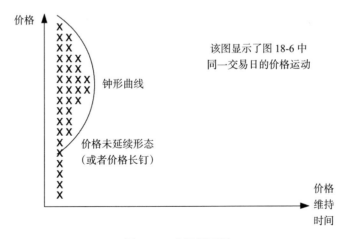

图 18-7　市场剖面图

剖面图对市场价格运动给出了更多的信息，特别是可以被用来表示"价值区域"。这一点很重要，因为作为交易者，我们希望进行那些提供"低风险"机会的交易。"低风险"机会诸多定义中的其中一个可能就是在价值区域上方卖出并在价值区域下方买入。因为剖面图显示"价值区域"，因此它提供这样的机会。

价值区域即每个交易日平均价两侧的一个标准差之内的价格运动范围，价值区域可以表示为买入价与卖出价之间的差价。但是我们需要进一步说明"平均价"这个词。市场剖面图使用"时间价格机会"概念，并且在图上的每一个"标记"就是这样一个时间价格机会。换言之，在每个时间单元里，将会存在某种价格幅度变化并且在价幅内的每个价格将形成一个标记，也就是一个时间价格机会。我们可以通过所有这些时间价格机会的平均值算出价值区域的结果。

换言之，可以说这是市场剖面图背后的基础原则，也就是"价格"经历"时间"＝"价值"，或者说价格通过时间来揭示价值。要理解这个表达式并不容易，事实上我自己对它也仍旧有些未明了的地方，但它确实是这个有效技术的根基。基本上，它指的是在某个交易时段内以某个具体价格进行交易的时间长度。

一旦价值区域从某个交易日的剖面图中确立，那么接下来如何解读后续价格运动很重要。例如，如果市场迅速下跌，因而拒绝了一个买入价，这是一个走弱的信号。但它不一定是有用的，因为我们想在卖出价时卖出而不是在买入价时卖出，也就是我们想要在价值区域上方卖出。因此，一笔理想的交易将会是这样，即后续的交易日我们看到价格上涨到了卖出价的价位，然后市场随之下跌，在这个价格水平上出现快速的拒斥现象。

如果看到这样的价格运动，那么我们就得到了在"价值上方"卖出的机会，这些机会通过价格的快速拒斥得以确认。一个好的交易系统可以被设计用来精准地把握这样的情形。在价格区域上方卖出，同时在价值区域下方买入。

你将从这点看出，市场剖面图对于市场是"中立"的。这话的意思是，当你看到某个交易日的剖面图时，你并不知道第二天是否将提供一个低风险买入或卖出机会。但这位机构交易者使用的其他分析技术确实可以给出方向性的判断倾向。共识理论（consensus theory）是这些分析技术中的理论之一。我们的这位交易者已经构建了一个由市场交易者和咨询顾问组成的定期向他反馈信息的庞大网络。这可以帮助他形成一个关于市场共识度的观点。如果有一方（多方或空方）的共识变得很明显，他就做好站向另一方的准备。他发现这是他在使用的指标当中最可靠的指标之一。另一个分析技术是长期趋势线（我们偶尔在《技术交易员》中刊登相关文章）。当市场处于某个极限价位时，无论是顶峰还是底谷，他便知道一个非常好的低风险机会可能即将来临。

因此，尽管市场剖面图是驱动他方法体系的发动机，但配合使用其他分析技术会使得市场剖面图变得更加有效。此外还有一系列的资金管理、风险控制、交易纪律、压力管理等在背后支撑着方法体系本身。在第 12 章中的访谈已经更详细地讨论了这些问题。

> 混沌产生新的可能性，这就是它的重要意义。

> ——詹姆斯·所罗门

市场剖面图的交易诀窍

我们在工作中经常遇到一些成功的交易者，但分析他们所做的事情时，我们发现他们只是选择并运用了一些核心理念。他们可能相信自己是"艾略特理论""江恩理论""市场剖面图理论"或者"波浪理论"的专家，但事实上他们并非什么理论专家，他们只是选取了一些好的理念并充分发挥它们的优势，并且成为运用这些理念的行家里手。顺便提一下，我从未遇到过某位纯粹的"艾略特理论"或"江恩理论"专家是成功的交易者。请好好想想这个问题。我相信，在现如今的市场中江恩理论和艾略特理论可能是最具有误导性的分析技术（并且江恩是否通过交易发了财这件事也尚不清楚）。我这么说并不是在批评江恩的工作成果，而只是在批评对江恩理论天花乱坠的炒作行为。

我的目的也不是去批评任何其他的技术分析形式，而只是为了说明市场剖面图可以用来赚钱。接下来的几个理念非常有用：

1. 价值区域概念（正如前面所讨论的）在任意时间框架内都可以提供有利可图的交易位置。

2. 价格未延续概念对于寻找交易参考点比较有用。我们在第 22 章中列举的部分策略完全基于价格未延续概念。

3. 市场剖面图可以为顺势交易提供许多优势。这些优势可以概括为这样一个事实：只有当背离趋势的主动性价格运动出现时，该趋势的持续性才应该打问号。此外，那种被迅速拒斥的价格运动并不一定具有决定意义。也就是说，主动性价格运动必须被接受才具有决定意义。因此，市场剖面图提供了一个非常精致复杂的顺势交易方法。

· 小 结 ·

- 钟形曲线具有将混沌变为有序的魔力。

- 在市场剖面图理论中，"平衡"与"不平衡"这两个术语对应着无趋势市场和趋势市场。

- 价格未延续是市场剖面图理论的一个关键技术，我每天在自己的交易中使用这项技术。

- 价值区域是市场剖面图理论的一项核心特征，尽管我发现自己使用它的频率要少于价格未延续概念。

- 在交易时我主要使用三种离场类型。第一种是比较远的资金管理止损位。第二种是相对比较近的止损位，通常情况下是在超过价格未延续位置的地方，这里我可能会根据市场价格运动的具体情况而离场。第三种是如果我没有立即见到自己所预期的价格运动的话，就"快速离场"。

- 初始平衡区间和价幅扩展是我使用的另外两个市场剖面图概念。

- 经历时间的价格是市场剖面图理论的基础原则之一，指的是在某个交易时段内某个具体价格在市场中交易的时间长度。

第 19 章

期货和期权

本书主要的目标读者群体是那些想要交易期货和期权的人，但出于完整性考虑，我们也希望涵盖股票的相关内容。我们关于期权的评论也同样适合那些想要买入期权的人（不知道这些人算不算是误入歧途）。

股票

我们先从股票讲起，它是最基本的交易品种。股票的交易原理很简单，你买入股票然后从价格增值中获利，并且也可以在持有期间获得红利。然而，如果股价下跌，你将遭受相应的损失。你可以通过向某些基金借款来买入股票而获得杠杆，有些经纪人也提供类似的杠杆协议。尽管大部分人买入股票，但你也可以通过卖出它们来做空。如果你这么做，就是寻求通过股票价格的下跌来获益。许多人搞不清什么叫卖空，常常困惑于你怎么可能在拥有某物之前先将它卖掉。这个问题不容易一下子回答清楚，反正你就是可以这么做。当你将它买回来的时候，就结清交易头寸了。因此无论你买入或卖空，总是存在两笔交易：一笔买入和一笔卖出，如果卖出的价格比买入的价格高，那么你就能够获利。买入和卖出谁先谁后无关紧要，虽然两者的交易机制可能稍微会有点区别。然而，我们绝对不能忽视

> *你必须获得6%的毛利才刚刚能够持平。*

交易费用问题，这个问题十分重要，它在股票交易中可以占高达交易金额 6% 的比例。这就意味着你必须获得 6% 的毛利才刚刚能够持平。正是由于这么高的交易费用，所以在股票市场中赚钱会如此困难，因为所有利润都流向了提供经纪服务的证券公司。它们的利润来自你和我，这也就是只有不到 10% 的交易者能够赚到钱的原因。

期货

期货在价格运动方式上与股票并无不同。如果你买入一份期货合约，根据期货价格上涨来获得相应的利润，但如果价格下跌，你也遭受相应的亏损。然而，期货的交易费用比较低，通常只需 1 个点左右。按照当前（指 1998 年 10 月）的价格水平，每份富时指数期货合约大约值 52 000 英镑的标的证券。要算出这个数值只要把富时指数期货的当前值乘以 10 英镑即可，因此当指数期货在 5200 点时它价值 52 000 英镑。因此，如果你想要交易一份期货合约，相当于必须准备操作价值约 52 000 英镑的股票。在你可以交易之前，经纪人会要求你缴纳大约 2000 ～ 3000 英镑的保证金，不过开户时经纪人常常会要求你存入比这更多的钱。你可以按 20∶1 或 30∶1 的有效杠杆率来交易期货。猜猜会发生什么事情？个人交易者进场交易，但他们从一开始就害怕得要死，而"胆小的资金永远不会赢"。

你可以学习如何从期货中赚钱，但在开始之前你必须确保自己知道即将做的事情。当然，交易期货的费用与买卖股票相比是微不足道的。

读者可能想知道为什么期货指数通常相比现货指数会有一定的溢价。这是为了使得一位买入一份期货合约的买家相当于建立了与一位买入相同价值（52 000英镑以上）股票的买家相同的头寸。为了做到这点，你必须向这位期货买家收取一笔溢价费用以弥补那位股票买家正在支付的利息。也就是说，你需要调整资金成本。整个计算过程比较复杂且容易混淆，因为你还必须从中抵消股票买家收到的红利。如果持有股票的成本比股票产生的红利要大，那么当交易富时指数（被认为是负盈利市场）时，你通常可以在期货上得到一笔超过现货的溢价。期货到期时间越长，溢价就越高。这个计算结果可以为你给出溢价的"公允价值"，它将随着期货接近到期而逐渐缩小——在到期的时刻，富时指数期货与现货等值。然而，在期货合约交易期内，指数期货并不是在现货指数之上始终维持恒定的公允价值溢价，在实际交易中你会发现，当现货指数上涨时，期货溢价会增加，而当富时指数下跌时，期货溢价也会缩水。这是一种简化的描述。实际上，在

> 期货到期时间越长，溢价就越高。

指数下跌到接近支撑位的时候，期货溢价往往会增加，而在指数上涨到接近阻力位的时候，期货溢价往往会缩水。也就是说，溢价在某种程度上预示着现货指数的价格运动。这几点也同样适用于标准普尔指数。

期权

现在让我们来看一下期权。期权是目前难度最大和最危险的投资交易

品种之一，但同时它们也能够提供一些最佳的投资交易机会和策略。

因此，就看你如何在沙堆里拣出黄金了，在充分利用交易机会的同时避免交易风险。

期权定价

首先，让我们来分析一下期权是如何通过市场来确定价格的，不管是认沽期权还是认购期权。顺便提一下，我假设读者已经具备了基本的期权知识，知道认沽期权往往在下跌市场中获利而认购期权在上涨市场中获利，知道"行权价""履约""到期日"等术语的含义。如果你不知道这些可以与我联系，我会提供所有这些术语的解释。你也可以联系你的经纪人了解相关知识。

影响期权价格的主要因素有：

1. 相对于期权行权价的市场价格水平。

2. 市场波动性。

3. 已感知的市场方向（趋势）。

4. 期权到期之前（距离到期日）的剩余时间长度。

还有一些其他因素（例如利率等）会影响期权价格，但这些都是次要因素。

理解构成期权价格的两个因素是理解期权价格和策略的关键。第一个因素是内在价值，它是期权处于实值时的正数值，也就是对认购期权而言市场现价超过行权价或对认沽期权而言市场现价低于行权价的数值。第二个因素是最难理解和最重要的因素，即时间价值。时间价值就是期权价格和其内在价值之间的差值，它代表了期权在剩余的时间里由市场赋予的价值。对那些处于虚值状态的期权，它们完全没有内在价值，其期权价格完全体现的是时间价值。图 19-1 显示了具体原理。

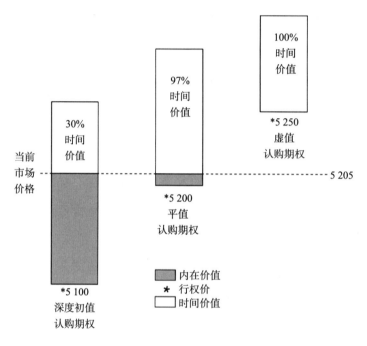

图 19-1　期权定价

如果你打算从期权市场中赚钱，那么对时间价值变化情况的理解和研究是必不可少的。例如，许多交易者常常经历这样的情形，他们购买了一份期权，市场也按照他们预期的方向运动，但期权的价值却没有增加，事实上反而下降了。这只是因为内在价值的增加部分被时间价值的减少部分所抵消了，而时间价值的减少也许是因为市场价格变化放缓（失去波动性）、时间的流逝（这当然是注定之事），或者在起初买入的时候时间价值过高的缘故。很显然，根据供需法则，许多人会在过高时买入。如果需求大，那么价格就高。

应该买入期权还是卖出期权

现在有一个问题，究竟是买入还是卖出期权更好一些。这两者之间的区别很大，各自所适用的参数也完全不同。这是很正常的事情，因为它们是同一硬币的两面。

期权买家在风险上有一个总数限定，也就是风险被限定在购买期权所支付的费用范围内，并且它具有无限回报的可能性。然而，由于时间价值的变化情况，获得利润的概率不是很大。让我们考虑 7 种市场价格运动类型，前 3 种分别是市场缓慢上涨、中等速度上涨和急速上涨；另外 3 种分别是市场缓慢下跌、中等速度下跌和急速下跌；第 7 种是市场横盘运动。如果市场方向与期权买家预期方向相反或者横盘运动，那么期权买家可能会亏损。如果市场方向符合买家预期但价格运动速度比较缓慢，期权买家也可能会亏损。如果市场价格运动方向符合预期并且速度适中，他也许可以实现盈亏平衡。只有在市场价格运动方向符合预期并且急速运动时，他才能盈利。因此，买家盈利的概率只有 1/7，而亏损的概率却有 5/7（参见图 19-2）。当然，这种负面效应可以通过买入时间价值较少的期权（例如深度实值期权）来最小化。

> *期权买家在风险上有一个总数限定，也就是风险被限定在购买期权所支付的费用范围内，并且它具有无限回报的可能性。*

顺便提一下，即使市场价格急速运动并且方向符合预期，也会有副作用，即当内在价值增加时时间价值会减少。这是由于随着内在价值的增加，买家的风险也同步增加了。由于风险基于期权价格，因此这个增长的

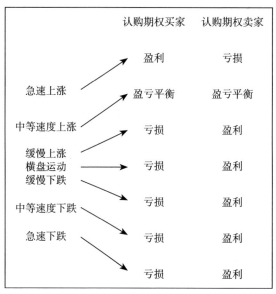

图 19-2　市场价格运动类型

风险就会反映在时间价值的减少上。然而，波动性的增加也可能会抵消这个因素。

期权卖家与期权买家的处境相反。期权卖家卖出期权并且收到权利金，因而直接坐等时间价值逐渐减少。如果买家亏损，那么卖家将盈利。同样的道理，在上述 7 种市场价格运动类型中，卖家盈利的概率是 5/7，盈亏平衡的概率是 1/7，而亏损的概率则是 1/7。这样的胜率是非常不错的。但是请注意，期权卖家必须经受一个重大问题的考验，那就是回报的数额是严格限定的，即只限于所收到的全部期权权利金，而与此同时，亏损的风险却是无限的。

根据买家和卖家之间的风险 – 回报概况可以得出以下结论：

1. 买家通常会亏损，但偶尔会盈利很多。

2. 卖家通常会盈利，但偶尔会亏损很多。

3. 那些遭遇大的价格运动但选错了交易方向的期权卖家将会成为大输家。例如，有许多期权卖家在 1987 年的全球大股灾和之后的市场大波动中破产。

4. 大赢家将是那些把握了大的价格运动的期权买家。

现在我们看一下如何运用两条简单的期权策略获得最大优势。

首先提醒一下，除非具有专业素养和全职从事交易的基础，否则不应该进行卖出无保护期权[⊖]的操作。没有

除非具有专业素养和全职从事交易的基础，否则不应该进行卖出无保护期权的操作。

其他办法可以控制不受限制的风险，并且我也不会推荐这样的策略。凭借买入不同行权价的同类期权而卖出有保护期权则不存在这样的问题。然而，当期权处于深度虚值状态时其时间价值也较高的事实可能导致这样的策略不太合算。

对于期权买家而言，最基本的关注点是在持有期权期间如何最小化时间价值的贬值量。有五种方法可以实现这点：

1. 避免在高波动性的时刻买入期权。

2. 买入只有少量时间价值的深度实值期权。

3. 在接近到期日的时候买入期权。

4. 避免在时间价值下降最快的时期买入，通常是在距离到期日大约 6 个星期至 2 个星期的这段时间。然而，在 1998 年的极端波动期，时间价值下降最快期缩减为距到期日 2 个星期至到期日之间的这段时间。

5. 使用比较紧的时间止损，这指的是如果你原先预期在某段时期内会发生的价格运动并没有如期发生，那么就立即卖出头寸。

⊖ 指期权卖家本身并未持有期权标的的证券的期权。——译者注

遵循前面的第 1 条始终是明智的。我不推荐第 2 条，因为风险太大（尽管有些人喜欢这种方法）；第 3 条可能会获得大量收益但也有非常大的风险，因为你必须判断出正确的市场价格运动方向和极其准确的时机。第 4 条是必须遵守的并且最好是买入距到期日时间较长的期权并且在快速贬值期来临之前将它们卖出。第 5 条比较有难度，因为既要预测时间价值变化又要预测价格运动。关于止损问题，无论是期权交易还是其他形式的交易，止损位都应该被使用，尽管执行起来可能有难度，因为期权价格可能完全是一笔亏本生意。另外还有两点需要补充说明。第一，使用全部期权权利金作为你的止损是合理的，也就是你的止损就是亏掉你在期权上的所有投入。但很明显，这必须与你的资金管理系统的资金状况相联系。第二，当卖出期权时，你的止损可以不结清卖出期权的头寸而是触发对冲头寸（期货或者其他类型的期权）。这一点将在本书的后面详细介绍。

总而言之，对于买家而言，我推荐的方法是上述第 4 条，同时也偶尔使用第 3 条——如果大的价格运动即将到来并且正好在那一刻有合适的期权可以买入的话。

然而，如果你准备放弃头寸的无限盈利可能性，可以通过相对于你的多头头寸（指的是期权头寸而非市场头寸）卖出对于相邻行权价而言是深度虚值的期权来实现低风险。这是卖出有保护期权的反向操作，因而这个策略对卖家不利而对买家有利。在富时指数 100 期权上，你通常可以用 20 个点的费用得到 50 个点的价差。在 OEX 期权上用 1.5 个点左右的费用可以得到 5 个点的价差（大约有 200% 的利润空间）。这样的价差费用将随着时间变化而变化，并且期权虚值程度越深，费用就越低。

不幸的是，这种价差交易形式存在一个缺点，事实上比较复杂的头寸通常都会有这样的缺点，那就是把握交易时机变得比较困难，这样的头寸常常会被保留至到期日。这不是太理想，因为你的盈亏将依赖于到期日的具体市场价格水平，而且你还失去了选择离场点的灵活性。

买入期权难以赚钱

对于期权卖家来说，他们的交易策略与买家的完全相反，因为买家希望尽量把暴露在时间价值上的风险最小化，而卖家则希望把时间价值全部收入囊中。时间价值越大，迅速降低的可能性就越大，潜在的利润就越大。要实现这个目标有三种方法：

1. 在波动性高的时刻卖出期权。这通常持续很短的一段时间并且可以获得数量非常可观的权利金。我最好的交易是在 1987 年全球大股灾的时候卖出认购期权。

2. 在离到期日大约还有 6 个星期的时候卖出期权，因为那时候时间价值会出现较快的贬值。但在最近几个月的伦敦市场富时指数交易中，上述 6 个星期的时长已经下降到 2 个星期左右。

3. 卖出虚值期权。它的权利金完全由时间价值构成，没有任何内在价值。

同时运用上述 3 种方法是非常可能的，当然，这样的时机就是交易的最好时机。

另外还有很重要的一点，当市场正朝着增加期权价值的方向运动时，卖家应当进场交易。例如，如果卖家正寻求卖出认购期权，那么市场应该正在上涨。很明显，交易者将预期这样的价格运动是短期的，并且之后将出现较大的反方向价格运动，否则他不会卖出那样的期权。

此外，期权买家应该在市场短期内正向预想头寸反方向运动时进场交易。这么做的理由是，期权（尤其是接近到期的）对短期波动可能会非常敏感，方向上的变化可以引发较大的价格变化。

本章的目的是让读者对影响期权的价格机制有一个基本的了解，并且因此懂得如何提高期权交易的盈利水平。除了前面所说的简单地买入和卖出期权之外，期权可以提供数不胜数的交易机会和策略。在本章最后，我再列举两个期权策略：

1. 在持有做多股票头寸的情况下卖出认购期权。这是通过持有股票使得收益最大化的极佳方法。这么做带来的唯一风险就是你可能会错过某波特别猛烈的上涨价格运动，但所失必有所得，同时你也把通过卖出认购期权而收取的权利金收入囊中，并且你可以选择这些期权的行权价。如果市场价格涨到行权价之上并且期权被要求履约的话，选定的行权价将成为你必须接受的股票卖出价格。

2. 卖出跨式期权。理想状态是在市场顶部卖出认购期权，接着观察6～8周左右的时间周期，然后在市场底部卖出认沽期权。然而，这种理想状态很少出现。另外一种替代方法是针对同样的行权价同时卖出认购期权和认沽期权。例如，在富时指数期权上卖出跨式期权通常可以在两种期权之间产生250～300个点的价差，但是实际数值将根据市场波动性和距到期日的剩余时间而大幅变化。在OEX上使用相同的策略预计将产生20～25个点的价差。还有一种选择是针对不同的行权价（以横跨市场价格的方式），卖出认沽期权和认购期权。这么做权利金虽然相对少一些，但其中包含了大量的时间价值。当市场频繁地在交易区间内震荡时，这种策略会表现得非常出色。但它的风险较高，所以如果预料会有剧烈价格运动发生时不推荐使用这种策略。如果采用这个策略，选用一个对冲策略至关重要，例如当头寸面临冲击时使用期货进行对冲。

· 小 结 ·

- 我从股票开始探究了现有的几个主要交易品种。
- 我讨论了期货以及如何计算"公允价值"。
- 我探究了期权并且解释了买入期权和卖出期权的主要区别。
- 期权买家应该在时间价值最小化时买入。
- 期权卖家应该在时间价值最大化时卖出。
- 最后我提出了两个策略，一个是在持有股票的情况下卖出认购期权，另一个是卖出跨式或勒式期权。

第 20 章

长钉形价格运动

　　长钉形价格运动是我最喜欢使用的市场交易方法。在第 18 章中，我讨论过价格未延续概念。在我看来，最好的价格未延续形态就是价格长钉。

　　本章非常简短，我之所以安排其成为一个独立的章节，是因为我认为其内容至关重要。每个进入市场中的人都需要获得某种竞争优势，这种优势给予他们超出平均水平之上的机会。价格长钉形态可以带来这样的优势，理由有以下两点（参见图 20-1）：

　　1. 价格长钉形态往往显示出交易趋势的方向。

　　2. 利用价格长钉形态可以设置相对安全的止损位。

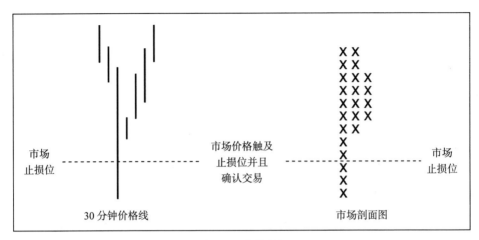

图 20-1 价格长钉

交易趋势

我将交易趋势定义为在你交易的时间框架内的市场价格运动方向。在任何一刻，任何一个市场都可能同时有 10 种不同的趋势。非常长期（年度）的趋势可能是上涨的，而长期（月）趋势可能也是上涨的，但中期（周）趋势却可能是下降的，短期（日）趋势则可能是上升的，而更短期的小时、30 分钟、5 分钟和分钟趋势可能都是上下不一的，而分时点位的趋势可能正在横向震荡。这些趋势中，并不是所有的趋势都与你的交易相关。事实上，对于我自己的交易而言，我通常只使用两个趋势，即交易趋势（我的交易时间框架是 30 分钟）和日趋势。我认为，忽略那些在你自己的交易趋势中出现的清晰信号是非常危险的，但许多交易者却常常会犯这样的错误。

价格长钉类型

价格长钉有许多类型（参见图 20-2）：

1. 可能的正向价格未延续形态，即有待出现价格延续形态的买入价格长钉形态。我将"价格延续"定义为连续 3 根 30 分钟线呈现横盘震荡或者沿原来价格方向加速运动的态势。

2. 可能的负向价格未延续形态，即有待出现价格延续形态的卖出价格长钉形态。

3. 已确认的正向价格未延续形态，即在其后出现价格延续形态的买入价格长钉形态。

4. 已确认的负向价格未延续形态，即在其后出现价格延续形态的卖出价格长钉形态。

5. 日线正向价格未延续形态，即整个交易日结束为止依然维持的买入价格长钉形态。

6. 日线负向价格未延续形态，即整个交易日结束为止依然维持的卖出价格长钉形态。

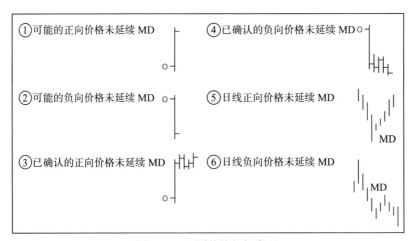

图 20-2　不同价格长钉类型

可能的价格未延续形态通常比已确认的价格未延续形态的信号要弱一

些，而已确认的价格未延续形态通常又比日线价格未延续形态的信号要弱一些。但请留心在收盘或接近收盘时出现的价格长钉，在看到后续结果确认之前我们需要始终对其抱持怀疑态度。事实上，这种在交易日最后阶段出现的价格长钉或许称之为可能的价格未延续形态更为妥当。

正向价格未延续形态对上涨趋势起支持作用并且给出买入信号，当然这取决于你的整套方法体系。负向价格未延续形态对下跌趋势起支持作用并且给出卖出信号。

由于价格长钉反映的是坚定的买入或卖出意愿，因此如果价格长钉的范围被穿透，那么就表明情况必定发生了改变。这就是我将止损位设定在价格长钉外侧具有一定安全性的原因。

最好的价格长钉形式就是我所称之为的"情绪"高峰或低谷。这种情况发生在市场被某些外部力量（这些力量正在驱使交易者做出情绪化或者非常情绪化的决定）控制的时候。当美国市场出现特别大波动的交易日以及在富时指数休市美国市场出现较大的涨跌时，这种情况就会在伦敦市场发生。然而真正的情绪高峰或低谷很少出现，除非之前在这个方向上已经有相当好的价格运动开始了。不知道接下来会发生什么事情的恐惧会驱使市场到达一个明显的极限价位，在这个位置上我们可以看到强劲的买入或卖出。不幸的是，有时候这意味着第二天会出现一个强有力的开盘跳空缺口。但市场存在的目的不是去奖赏交易者，它旨在使交易最大化。千万不要忘记这一点。

· 小 结 ·

- 价格长钉赋予我竞争优势的两个理由：首先，它指出趋势的方向；其次，它提供低风险的止损点，但并非完全没有风险。

- 价格未延续形态有 6 种不同的类型。

- 当价格水平自身受到强烈情绪的明显驱动时，在情绪高峰和低谷的地方显示的就是关键价格水平。在这方面，期货相对于现货的溢价或者折价可以作为一条强有力的线索。

第 21 章

一项期权策略

在本书第二部分中介绍的都是我在日常交易中使用的策略。我已经发现这些策略非常有用并且可以带来盈利，但是有两个问题我想强调一下。首先，我并不推荐你使用与我相似的交易策略、止损原则和方法体系。在本书第 12 章中我已经很清楚地讲明了这一点，但还是再重复一遍。我提出的这些策略可能不适合你的个性、资源禀赋、交易资金或者其他方面的条件。在采用本书所提出的任何方法之前，请确认你是否能够有效地使用它们。其次，不要因为我正在概述这些策略而想当然地认为我在交易这些策略时的表现很完美。事实不是这样的。我面临着与所有人相同的问题，关于这点我们后面再谈。

期权策略：原理

虽然面临着本书中所讨论的诸多问题，但我继续卖出期权。在此重申一下我的观点：

1. 在时间价值较高时卖出期权被证明是一种"低风险机会"。之所以如此，乃是因为在大部分情况下，期权到期后就毫无价值，因此在"大部分"情况下使用该策略的人将会是赢家。

2. 为了使用该策略并取得交易成功，你必须进行对冲。

3. 对冲意味着你必须在头寸（期货所对冲的头寸）不再是"低风险机会"时建立期货头寸。

4. 我现在相信交易单向期权比较好，也就是说，只卖出跨式策略中的某一侧期权。

5. 这个策略背后的理由是，如果它成功，与卖出跨式策略相比，交易利润会比较丰厚，交易操作也相对比较容易。如果交易方向判断出现错误，它也不应该成为一个大问题，因为你对此已有所准备。如果你没有准备，那么就停止交易直到你学会能够在考虑获利之前先考虑亏损风险。

6. 但是我往往发现自己总是以对称勒式/跨式头寸的形式结束交易。如果我直接以这种方式进场，价格常常会很不错，并且即使价格算不上很好，我也通常已赚取了一些"时间"。时间是很重要的，不仅仅因为时间价值会不断消散，还因为这意味着你需要对冲的时间相对较少。

7. 还有一个"但是"——在市场中大多数的信号都是短期性的，或者说至少你不知道它们会持续有效多长时间。正因为如此，卖出期权与这样的信号并无紧密联系。我常常发现自己把握住了一次好的价格运动但发现从中一无所获，因为价格运动信号是短期的而我却持有期权直至到期日。

阅读了前面的内容，你会明白卖出期权既有优点也有缺点。你可能会问我为什么会选择做卖出期权的交易，对这个问题我无法简单地给出回答！交易期权是比较困难的，因为在几个星期里你都会受到头寸的束缚，并且还必须经常承担有难度（高风险）的交易。

我对这个问题进行过许多思考，这必定与对亏损的恐惧有关。如果我交易期货并出现了亏损，比如亏了 40 个点，那么这是一个非常大额的亏损，即使它只相当于我总资金的 2%。但如果我先拿到了 10 000 英镑的期权权利金，然后不断地承受亏损，这个月我的收入也不会是负的，除非全部的权利金都亏光。这给予了交易一个缓冲，使我觉得比较安心。这个缓冲除了使我感到比较安心之外，是否还发挥着另外有用的功能呢？我相信的。但我总是在分析这些因素，并且不相信期权交易是适合我的唯一策略。这就是为什么本书至少也同样讨论期货交易。我之前写过一本名叫《交易手册》的书，书里完全是关于卖出期权和对所卖出期权头寸进行对冲的内容。本书中包含了大量截然不同的期货交易策略。

期权策略：操作

卖出期权相当容易，我使用的指导原则是：

1. 通常（在 99% 的情况下）应当卖出当月到期的期权。在 1997～1998 年里使用这条原则没有什么问题。

2. 在每张卖出的合约上至少设法赚得 60～90 个点。在 1997～1998 年里使用这条原则仍旧没有什么问题。

3. 卖出平值或接近平值期权。你希望赚得的大多数点都是时间价值。

4. 我往往分阶段卖出期权，因此我可能会先建立 1/4 的头寸然后慢慢地增加。这在实际操作中似乎效果非常好，主要是因为我往往会过早入场，这样做可以弥补一些上述的缺陷。但这种方法并不是非这么做不可。

5. 我往往会用 10 000 英镑的交易资金（每 10 000 英镑一份期货合约，在这种情况下用同样的 10 000 英镑资金作为组合头寸）卖出一对富时指数期权（也就是对称认沽期权和认购期权）。我相信这么做基本上是正确的。请务必确保你对自己交易的合约数量感觉安心，并且一定要从小额交易开始。

6. 使用你喜欢的分析技术（参见下面的内容）来决定单向交易方法，但最好要有耐心，以等待最佳的机会。所有分析技术都是有缺陷的，在缺乏市场确认的情况下都是不太有用的。我往往寻找市场确认信号并且不过于依赖分析技术。

7. 在建立头寸之前，请确保你知道如果出错的话将会怎么处理。要明确地定义所谓的"出错"是什么意思，并概括当出现这种情况时将采取哪些具体行动。

在上述 7 点之外我还想再加上两点。第一，在期权价格上似乎存在着一个周期，它们会从非常吸引人的价格逐渐变为非常不吸引人的价格。我怀疑这与卖出期权的交易者数量有关。当卖出期权的交易者人数上升时，权利金价格就会下降，这当然是因为有了更多的卖家。然后市场通常会进入某种洗盘式价格运动阶段，之后权利金价格再次变得吸引人。

> 市场通常会进入某种洗盘式价格运动阶段，之后权利金价格再次变得吸引人。

第二，我想列出一份关于分析技术可能形式的清单：

1. 任何形式的顺势交易系统，例如根据 MACD、江恩摆动图、移动平均线、市场剖面图、IOP 等，卖出那些趋势持续将会获利的期权。

2. 长时期的极端价位和可靠（如果有此等事情的话）的震荡指标。

3. 可靠的图表形态，如回测失败、旗形、三角形，等等。

4. 各类技术的组合。

但请记住，你的分析越肯定，它就越可能是错误的！

期权：对冲策略

关于对冲，我首先要说的就是它几乎总是个难题，理由是你正在被迫建立一个你原本不愿建立的头寸。通常情况下，当你建立一个头寸时，所有事情都是符合自己所想的。这就是进场会这么容易的原因。你选择适合自己的交易条件，接下来只不过是等待那些条件被满足的问题。但是当使用对冲策略时，情况就不一样了，你被迫为了保护自己而交易。

对冲也许是个难题，但我们也不应该过于悲观。卖出期权并拿到所有真金白银（期权权利金），这笔买卖如此诱人以至于明显存在陷阱。事实上，的确存在许多陷阱。许多人由于卖出期权而被淘汰出局，因为他们没有进行对冲，所以被市场给予警告。而那些做对冲的交易者则面临许多问题。

我现在当然还不是世界上最优秀的交易者，但依我的经验，设法"交易"对冲头寸是毫无益处的行为。我这么说的意思是，你也可以采用一种直接的机械化方法并让它自己运行。这样的交易结果不会比设法"交易"对冲头寸更差，而且操作起来也要简单得多。

因此，首先你必须分析自己的期权头寸，它可能会变得非常复杂，然后决定你希望在何处进行对冲。

顺便提一下，最好不要让头寸变得过于复杂，因为它可能会复杂到你自己都不知道应该做什么。

进行对冲需要考虑两个首要但互相对立的方面：

1.应该等到最后可能的时刻才进行对冲。这样可以给予你自己尽可能不进行对冲的机会，但如果最终必须对冲，这么做也会减少可能的利润空间。

2.反之，应该尽可能早地进行对冲。这样可以使可能的利润空间最大化，但因此会过早地投入"对冲"战之中。

这是"世上没有免费的午餐"之又一例证。无论你选择哪一方都会遇到问题。有时，你可能会发现一个"低风险"机会出现了，并且问题自身迎刃而解。有时，你可能会发现等到需要对冲的时候你必须立马进行对冲。

但在某种程度上，这个问题可以通过进场条件来回答。我已经说过，当建立一个头寸的时候，你就应该决定好何时离场或者何时平仓。因此，请按照那些进场条件进行交易，用白纸黑字写下来，然后运用它们。

对于我自己的对冲，我所使用的规则称之为"25规则"（参见图21-1）。如果进行典型的"月"交易，所谓的月交易指的是期权到期日之前的时间是一个月，也就是当一个期权到期时，我开始卖出下个月到期的期权。因此我在到期前有4～5个星期可以操作。如果我去度假了（举个例子），那么我可能只有2个星期的时间可以操作，或者我可能直接接到后面的月份而有6～7个星期的时间可以操作。然而，这对整个策略没有影响。

"25规则"非常简单。我通常希望在距离行权价25点（对于富时指数而言）的位置对冲第一组期权。如果是认购期权，也就是在行权价上方25点处；如果是认沽期权，则在行权价下方25点处。如果期权以反向期权的方式构建对称期权头寸从而形成"交叉"，那么50点是比较合适的。

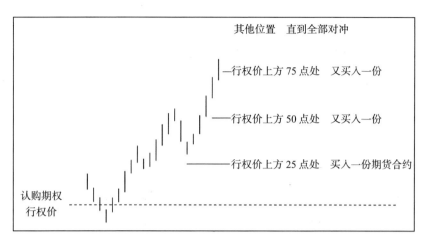

图 21-1 25 规则

对于期权，我喜欢分阶段进行对冲，因而我假设需要 4 份期货合约来对冲，我喜欢分开买入每份合约。根据"25 规则"，我将分 4 次在 X+25、X+50、X+75 和 X+100 的价位处买入期货合约，X 表示第一组期权的行权价。如此一来，我的平均进场价为 X+62.5，如果我从被对冲的期权得到了 50 点以上的盈利，再加上从相反类型的期权上得到 50 点以上的盈利，也就是卖出认沽期权和认购期权总共得到 100 点以上的盈利，那么这样的交易结果应该是非常不错的。

除了每次使用单份合约进行对冲之外，其他的替代方案是每次使用两份合约对冲，使得 4 次之后的平均进场价为 X+50。

我可能会调整具体的进场位，我将通过利用已确立的可能支撑或阻力区以及寻找可能的买入回撤或卖出反弹信号来进行调整。

时刻留心自己应该在何时进行对冲是至关重要的。不要因其他策略而"迷失方向"，要避免出现突然发现忘记进行对冲的尴尬局面（这样的窘况我曾经历过）。

在很大程度上，进场对冲是比较简单的部分。对冲进场点的选择可能难以做到完美，但相比决定何时解除对冲要简单许多。**管理你的对冲头寸可能会是一场噩梦**。我曾绞尽脑汁地试图解决这个问题，但尚未找到解决办法。然而，我可以提出以下几点供参考：

1. 不要贪婪。我过去常常发现自己心中会受到解除对冲的诱惑，因为如果判断正确的话我将通吃所有利润。但通常情况下，每当我接受了这样的诱惑之后最终只不过发现自己必须再次进行对冲。我想原因在于，当解除对冲时我所面对的并非低风险机会。我正受到贪婪的驱使，因此我的思考过程是不够清晰的。如今我已不再有这方面的问题了。

2. 事实上，我过去常常发现自己在对冲过程中会经历一连串的波折。我会为了次等的交易机会而解除对冲头寸，然后被市场教训得晕头转向，最后只得到一些蝇头小利或者事实上以亏损告终。这个时候反转实际上已来临，但我的思维已混乱不堪以致无法正确应对！

3. 实际上一切都取决于交易纪律。确定你的策略并且坚持执行。

以下是我的建议。假设你已卖出了 4 份期权合约，需要 4 份期货合约进行对冲。你决定采取两组对两组对冲的方法，你可以采纳如下建议：

1. 如果一个低风险机会自行出现，就把握住它。

2. 如果没有使用低风险进场策略，那么你要决定在何时先建立期权头寸。不过你可能想每天早上都重新复核这个策略，看看它是否可以依照后续的市场价格运动而进行调整改进。

3. 一旦现货市场价格移动到距离行权价 25 个点的位置，就准备好第一对期货合约的建仓。如果期货市场继续上涨 10 点或回撤 10 点，就自动建仓。通常情况下，你会发现这样可以得到较好的价格。

4. 如果市场价格继续向前移动，需要在对冲头寸的盈亏平衡点减去 10 个点的地方设置一个止损。但是如果这么做了，一旦后续的反转出现，那么你就必须重新进行对冲。

5. 如果你发现了一个允许解除对冲的低风险机会，那就把握住它，但你必须判断它是不是一个长线或者短线的机会！

如你所见，这说起来确实有点头绪纷乱，并且我们一再重申了对冲是有难度的。以下几点可能有助于限制对冲的需要：

1. 谨慎地建立初始期权头寸，并且只在你已确信情况已经发生改变时才卖出反向的头寸。也就是说，请使用交易纪律！

2. 只可交易 4 ～ 5 周的时间，不要再长了。如果期权价格合适的话，2 ～ 3 周更好。

3. 分阶段卖出期权，这样可以进一步避免对冲的需要。

然而，我也正在使用一种完全相反的方法。从某种程度上来说，这是一种颠倒次序的方法。该对冲策略，就其本质而言是一种顺势交易方法。因此，首先从顺势交易方法开始，然后通过卖出期权来帮助持有头寸。例如，如果你在 5000 点处做多股指期货，然后出于某种原因你在 5220 点左右对自己的头寸感到担忧，于是卖出一些认购期权（假设相当于 50% 的期货头寸）并继续持有期货。该趋势策略中已包含了止损价位，如果它们被触及，你就离场，但你可以赚到卖出认购期权的权利金。你还知道市场已触及了你的止损位，如果这些止损位设定是合适的，那么之前的趋势是有问题的。如果市场继续沿着原来的方向行进，那也不错，你可能会损失一部分原本可能得到的利润，但你仍旧把握住了趋势。

关于期权我最后想说的是，我迄今交易期权足有十年之久。期权的交易策略可能会非常复杂，因而会导致出现第 11 章中所讨论的问题。你需要深入了解自己才能处理好这些问题。对于交易新手，我不建议使用这样的期权交易策略，实际上你应该打消这样的念头，但那些经验更丰富的交易者可以

> 你需要深入了解自己才能处理好这些问题。对于交易新手，我不建议使用这样的期权交易策略。

从中找到他们期盼的答案。

· 小 结 ·

- 我概述了关于卖出期权的相关原理。
- 对冲策略的操作需要仔细地进行监测，而且你经常面临"不可能"的决策。
- 对冲是有难度和具有挑战性的事情。
- 我使用"25 规则"建立（或解除）对冲头寸，这使得不可能增加了一点点可能性。
- 我介绍了一些帮助技巧。
- 新手注意：不要进场交易期权！

| 第 22 章 |

一些期货策略

我将自己使用的一些期货交易策略罗列如下：

1. 利用价格未延续形态确定失败的开盘跳空进行交易。

2. 交易突破失败信号。

3. 交易回测失败信号。

4. 交易方形密集区域突破信号。

5. 在"关键"支撑或阻力价格水平上针对较长期趋势进行交易。

6. 艾略特五波浪理论。

7. 形态中止。

8. 跟随"趋势"——不可能的梦想？

9. 调整运动。

10. 其他系统化方法。

在一般情况下，我总是寻求在"价值"（这个概念的解释参见第 18 章）区域上方卖出并且在"价值"区域下方买入。在上述 10 项策略中，第 1、

2、3 和 5 项总是使得交易建立在价值优势上，但其他几项可能未必能够做到这点。

在接下来的章节中，绝大多数例子将讲解我用于个人交易的信号。

在本书前面，我讨论了低风险机会，读者应该确保自己理解这个概念。在前面的章节中，我说过你应该只交易最佳信号，但这不仅仅指简单地建立头寸之时。之所以说简单是因为在这个阶段你对所有事情都是有准备的。然而，我们应该把"只交易最佳信号"这一点贯彻到建立头寸之外的各阶段。在建立头寸之后的早期阶段，我会继续监测头寸。如果我对自己看到的走势不太满意就马上离场。这需要判断力，而你必须通过积累经验培养出这种判断力。起初这么做可能会使你的交易结果变得比较糟糕，但我时不时地发现自己现在甚至在退出糟糕的交易时也能赚到 1 ~ 2 个点。这虽然并没有什么了不起的，但总比亏损好得多！

最后一点，我通常不持有任何头寸过夜，除非已经有一个相当不错的利润缓冲区可以确保头寸安全，也就是头寸处于盈利状态并且我判断这个利润足够应付任何隔夜可能出现的反转。但我也希望听到一个关于可以持有头寸过夜并且不会产生太多副作用的好理由。通常，在一个行情较好的交易日之后，富时指数现货可能会出现（有效地）开盘跳空缺口但期货常常不会，期货通常会弱化前一个交易日涨跌势头的持续性。

开盘跳空（代号：鹅）

> 市场价格运动形形色色，有时非常简单，有时却不那么简单。

市场价格运动形形色色，有时非常简单，有时却不那么简单，因此不可能给出精确的规则，试图确切表述策略的情况也同样如此。当市场出现跳空缺口时，往往导致两种情况：要么价格继续向前运动，要么价格出现反转。对于富时指数期货，跳空缺口相当常见，但出现在日线图上的跳空缺口数量非常少，这意味着在大多数跳空缺口之后价格都出现了反转。

从理想状态来说，我喜欢看到如下情形：

1. 在现货或期货市场开头大约一个小时里出现的最高点或最低点是交易日当天的最高点或最低点。

2. 在开头的 90 分钟交易中出现远离开盘价位幅度较大的价格运动，而且远离速度越快越好。

我进入交易的速度取决于价格运动的形式、最高点或最低点的重要性以及趋势的方向。

在这些因素中，趋势的方向是最重要的。有时候，分析师对设计判断当前趋势方向的分析技术过于大题小做。然而在许多情况下，一个 5 岁的小孩子也可以毫无困难地判断趋势的方向。如果你看到一条溪流，要判断它的流向毫无难度，在市场中大多数情况通常也是如此。重要的是要有一些客观

> 构建一个简单的趋势指标是明智的，但一旦趋势变得清晰它就应该被取代。

性，而且在转折点上判断趋势可能有些难度，当调整出现时也同样如此。就个人而言，我相信构建一个简单的趋势指标是明智的，但一旦趋势变得清晰它就应该被取代。

因此，我列出了一些"简单"的趋势指标，括号内的与下跌趋势相关，括号外的与上涨趋势相关：

1. 我们是否看到一些正在上升的底部（下降的顶部）？

2.昨天 / 今天的开盘价、最高价、最低价或收盘价是否高于（低于）X天前的开盘价、最高价、最低价或收盘价？

3.昨天的收盘价是否高于（低于）Y天的移动平均线？

4.我是否刚刚因做空（做多）而亏钱？

以上这些趋势指标的应用效果可能都不错。趋势通常是相当清晰的，关键是要具有客观性——很多交易者在形成某个观点之后，会发现再也无法放弃该观点。因此，这些指标的作用是切切实实地告诉我们那些自己已经知道但拒绝去接受的事情！

在给出了一般性的指导原则之后，我现在将向你们提供一个具体的参考方案，尽管我强烈推荐你们找到适合自己的方法。正如威廉·布莱克所说："我必须开发一套系统，否则我将受制于人。"具体的方案如下：使用上面的第1项指标来判断趋势，如果出现主动性卖出（买入）与上涨（下跌）趋势相反的情况，那么就暂时视该趋势处于"弱势"状态，直到上面的第1项指标再次有效。这适用于任何时间框架，因此你需要定义你自己的时间框架。

因此，我们可以将交易信号定义如下：

1.确定趋势。

2.顺着趋势进行交易并寻求在出现开盘跳空缺口时买入（卖出）。确定你自己的进场触发点。例如一旦富时指数现货或期货市场开盘时出现任何形式的上涨（下跌），你就可以决定进场。

3.在这种情况下止损位的设置很简单，它是超过开盘价格水平X个点的地方。然而，你可能将开盘价格水平定义为最初X分钟交易时间内的最高点或最低点。你也许希望在开盘价格水平之上（比如说2个点或更多一些的地方）使用过滤保护（filter）来避免被价格噪声所干扰。但依我之见，如果市场价格等于开盘最高点或最低点，那么进行这笔交易的理由就大打折扣了。

4. 有时候你可能想要运用此方法做逆趋势交易。对于这一点我所要说的是，你应该只在有非常强烈的理由和市场给出异常明显的确认信号时才去这么做。

图 22-1 显示了一个典型的开盘跳空。市场刚结束一段价格平稳期，8 月 2 日那天的开盘涨势使得趋势更加明显。前一交易日收盘时缺乏动能这一点相当明显，但标准普尔的表现并非如此。事实上，它非常急剧地下跌（也许）给市场增加了一定程度的恐惧。这张图清楚地显示出开盘时出现价格未延续形态，鉴于当时的总体状况，我非常早地进场做多。图表也显示了期货常常会在这样的交易日之后出现回跌。当你获得了这样的利润时，最好先兑现其中一部分利润。这样的价格运动是值得等待的。当你对自己的交易风格越来越自信时，你会增加头寸规模，像这样的交易日如果有 20 份合约的话将赚到 10 000 英镑左右。

本书不是讨论精准交易系统的书，因此决定如何兑现利润是每个交易者自己的事情。不过存在以下两种选择：

1. 如果顺着趋势进行交易，那么持有头寸直到趋势发生改变。

2. 当天离场的话，要么是在收盘时，要么使用某种形式的跟踪止损系统。

对于那些想拥有精准交易系统的交易者，我开发并出售这样的系统。我总是严格限量出售交易系统给交易者（每套系统从未超过 10 个人）（参见第 23 章），同时还提供技术服务，对交易系统进行个性化设置以适合不同个人交易者。

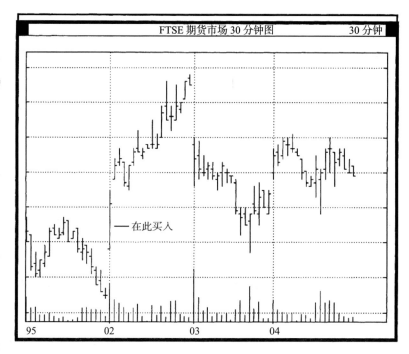

图 22-1　开盘跳空

趋势指标和收市报告可以酌情与本书中介绍的所有其他交易信号一同配合使用。

突破失败（代号：山羊）

　　一次大幅度的价格运动之后经常会出现突破失败。如果你把握住了这样的运动，那么你获得的利润将会超过小额亏损（假如始终控制在小额范围之内的话）的 5 倍以上。在这方面，我未曾做过充分的研究，所以无法

一次大幅度的价格运动之后经常会出现突破失败。

说出交易突破失败信号究竟可以取得百分之几的胜率。我正在对其进行研究。但该交易方法的逻辑是清晰的，获利的

可能性较大，而亏损的风险较小。

　　我所遵循的信号是符合逻辑的。我先确定一个"关键"价格水平，它可能是一个概数（比如 6000、1150 或者 10 000 点），可能是一个重要的支撑位或阻力位，或者可能是其他我认为重要的价位（该价位必定在某方面或另外一方面具有重要意义）。通常我比较喜欢见到现货指数出现突破，因为我认为这是比较重要的。事实上期货通常不会出现"突破"，并且这种突破可能是该信号的重要部分，它们常常会在先期出现这样的价格运动。在看到一个通常情况下少于 10 个点（常常只有 1～2 个点）的突破之后，我会期待回到关键价格水平。一旦价格已经回撤，就发出了交易信号。然而交易这个信号未必很容易，因为它取决于到底发生了什么。例如，如果出现快速的反转，我可能会在回撤到关键价格水平之前就进行交易了。如果价格运动比较缓慢，那么我可能会寻找更多的确认。止损位应当设在失败突破点的外侧。

　　所有低风险进场的关键方面之一是，我们正在寻找重要的转折点，其他交易者也在寻找这些转折点。此外，在这样的转折点上，应该有数量众多的头寸支持后来出现突破失败（或其他信号）的原先那个价格运动。因此当我们建立一笔头寸并且许多其他交易者也这么做时，最佳的信号就会出现——我们看到快速价格运动是因为机会太好了以至于不应该错失它，许多交易者开始退出相反的头寸是因为他们意识到了新价格运动来势凶猛。如果我们没有看到这样的价格运动，那么信号就不是很强烈，不过它可能会在之后走强。过于挑剔也是一种错误行为，因为你可能会过滤掉所有信号。因此你必须采取折中的方法。图 22-2 清晰地显示了在 3539.2 点位上方的"山羊"信号。起初的价格运动表现非常突出，并且我们看到了猛涨势头。然而它出现了突破失败并且市场仍旧回到了关键价格水平。

图 22-3 显示了在期货市场上同样的价格运动。虽然下跌持续了非常短的时间，但它仍旧提供了相当不错的短期盈利。在通常情况下，突破失败信号所带来的盈利要比例子中的多得多。

当我们建立一笔头寸并且许多其他交易者也这么做时，最佳的信号就会出现。

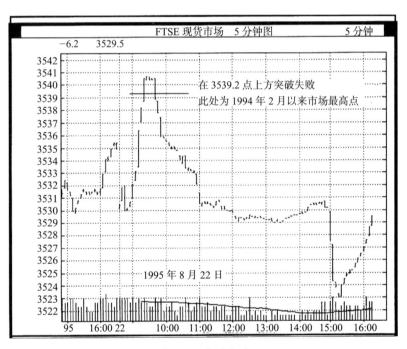

图 22-2 突破失败

在此有很重要的一点需要说明：在利用该信号的情况下，你将总是在进行逆趋势交易，因此你必须把握正确的时机，必须有好的理由来认定反转即将出现，而且你还需要有一个比较紧的止损位，即设在你认为出现突破失败的那个价格顶点外侧。

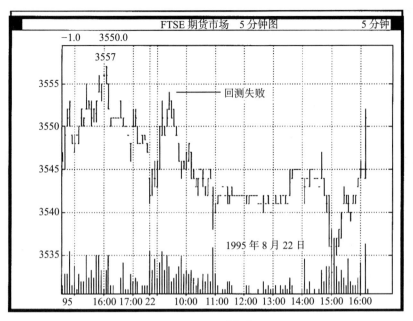

图 22-3　回测失败

回测失败（代号：蛇）

　　我们将这种信号称之为蛇是因为它与基本的交易逻辑有点违背。也就是说，你在上涨趋势中卖出，或者在下跌趋势中买入。若整体情况没有发生较大改变，那么市场出现回测就很可能会取得突破。"山羊"信号的出现说明情况已经发生了改变——市场创出了新高（或新低），这些新高（或新低）促成可能的多头（或空头）共识。因此，我现在并不经常使用蛇信号，这恰恰表明了我的交易方式已发生了极大改变，因为"蛇"信号在过去几乎是我唯一使用的交易信号。交易成功的关键之一就是尽可能地增加多种情况

　　交易成功的关键之一就是尽可能地增加多种情况下可供选择信号的数量。

下可供选择信号的数量，这样你就不会陷入困境，总会有一个策略让你回到正常轨道上。

这个信号发生在市场出现了关键高点或低点然后价格又一次回测上述高点或低点价格水平之时。市场未能重新攀上高点或抵达低点而是再次掉头。在这种情况下，我们希望看到某些相当快速的价格运动，最好出现价格未延续形态以作为我们的交易参考，也就是说我们希望看到能够表明回测确实失败了的证据。对于该信号，止损位应该设得非常近，这应该不是什么大问题，因为它们要超过被测试的高点或低点。也就是说，一旦回测失败转变为回测成功，止损位就立即生效。在通常情况下，我喜欢在较短时间框架内察看回测失败信号。图 22-3 显示了期货市场中比较明显的"蛇"信号，它与现货市场中的"山羊"信号形成对照。

方形密集区域（代号：箱子）

该操作理念是根据乔·罗斯某本著作里的内容改编而来的（我一直在想他是从哪里参考来的）。对于这个策略，我使用期货市场的 5 分钟线图（请注意，有些信号适用于现货市场，有些信号适用于期货市场，而有些信号可以同时适用于上述两种市场）并寻找"方形"的密集区域（横向价格运动）。"方形"意味着密集区域的高点和低点由密集区域内价格线不断地触及而构成。图 22-4 显示了这种类型的价格运动。交易信号既可能出现在上涨方向上，也可能出现在下跌方向上。判别信号也很简单，就是市场价格穿透了整个密集区域。在理想状态下，止损位应设定在密集区域的另外一侧（通常是比较近的）。正如所有那些低风险交易机会的理念，你应当寻找完全适合自己的"方形"区域，一定要挑剔一点，只接受那些最佳的信号，理应如此！如果止损位需要设定得太远，那么就不要交易。如果你不希望在进场之后看到价格运动又重新回到密集区域内，那么出现这样的情况就立即离场。始终要降低风险，只交易最完美的信号。虽然你仍旧无法做到永远都正确，但你越谨慎地优化交易，你的交易结果可能就会越好。

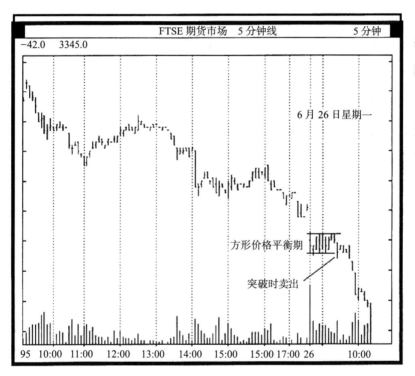

图 22-4　方形密集区域

关键价格水平（代号：钢琴）

设计市场剖面图的目的旨在揭示出较长时间框架参与者正在做什么。其中的逻辑是清晰明了的，短线交易者和自由经纪人无法推动市场运动，因为他们既没有投入多少资金也没有拿走多少资金。而较长时间框架参与者实实在在地将资金投进市场并从市场中拿走资金，他们导致了市场的起起伏伏。一般我们预期，较长时间框架参与者会在关键价格水平上变得活跃。所谓"关键价格水平"，指的是那些长期支撑位和阻力位，以及概数价位（参见本章"突破失败"一节中说明），再加上那些在市场中出了名的重要价格水平，也就是那些常常被作为目标价位来谈论的价格水平。话虽如此，我有时候也使用符合上述标准的较短期价格水平，主要是在需要为期权合约建立对冲头寸之时。

在很多情况下，这样的关键价格水平将促成某种反转，而这种反转经常是重要反转。通常我会在这样的点位上寻找其他信号，比如跳空失败、突破失败或者其他类似的信号。最佳的交易常常来自这样的价格水平。1995 年 6 月 23 日富时指数从 3405 点的顶峰开始下跌就是一个很好的例子。其实，如果我发现另外有一个信号与某个关键价格水平相联系，那么它将加强关键价格水平信号并且使得该笔交易更加具有吸引力，因为它提供了一个比较好的机会。

艾略特五波浪（代号：幻象）

我最近写信给我的专业期刊的一位订阅者。我在信中写道："我希望在自己当初刚开始交易生涯之际，有人向我介绍市场剖面图而不是胡说八道的艾略特理论。"这是我的真心话。艾略特理论最大的问题在于，它假装很了不起，其实一无是处。艾略特瞎扯了一通关于"宇宙奥秘"的内容和其他类似的废话，给人以它真的具有某种意义的印象。也许有一天我们都将认可艾略特理论，认为它始终是正确的，但目前来说这无关紧要，并且对于任何市场而言它都无关紧要。市场具有贬损秘诀价值的特性，如果有人发现了"秘诀"，该秘诀的价值就会降低，它将不再是秘诀或者不再有效。因此艾略特理论的逻辑也完全是错误的。一个囊括所有运动类型和形式的理论怎么可能具有价值呢？你怎么去预测那些无法被预测的东西呢？问题在于，一旦你开始把意义与某项仅仅旨在使你建立头寸的分析技术联系在一起，那么当它开始出错时就比较难以离场，而离场是你必须会做的事情。以上问题具体可参见附录 E 中的相关讨论。

> 一个囊括所有运动类型和形式的理论怎么可能会具有价值呢？你怎么去预测那些无法被预测的东西呢？

然而，艾略特五波浪可能是一个有用的信号。我不打算在此赘述该信号，如果你想知道它的形态是什么样的，可以查看图 22-5 或者阅读一本关于艾略特理论的书。

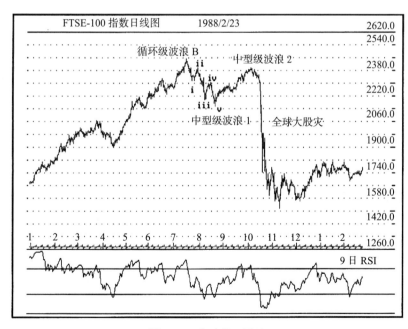

图 22-5　艾略特五波浪

该信号是相当清晰的，如果我们看到第 5 浪，那么第 5 浪的方向就指示着趋势的方向，接下来就是如何进场交易把握这个趋势了。我们建议要么在出现书中所列举的低风险机会时进场，要么在第 5 浪的低点出现时进场。随着第 5 浪的结束，它也可以作为趋势反转信号来使用（参见第 24 章）。

形态中止（代号：鸭嘴兽）

我已经在专业期刊中写过一些关于这方面的文章，并且在电话咨询服务热线中对该内容也讨论过一段时间，它算得上是交易者所要寻找的较为重要的形态结构之一。对于这一点，理由很明显也很合理。如果某个形态正在形成，那么会有很多（也许极多）的交易者可能正在跟随这个形态而交易。因而，这就已经存在一个好的理由来"看衰"该形态，也就是对该形态进行反向交易。但在这么做之前，最好是等待该形态正在失效的一些迹象出现。任何形态都可以用来进行这样的操作，但艾略特"五波浪"和头肩形是两种容易立刻被想到的形态。从某种意义来说，突破失败就是形态中止的一个例子。当支撑位被突破时，经典分析理论认为那是卖出信号。但如果它又中止了，使得我们看到了一个失败的突破，那么我们就买入。详细地分析所有这些形态，说明这些形态可能以何种方式中止，如何去交易这样的信号以及在何处设置止损位，这些都超过了本书的范围。但每当看到这方面的好例子，我们都会将相应的图表刊登在专业期刊上。这方面的内容也可能是我下一本书的主题。

跟随趋势（代号：马）

跟随趋势是困难的。你如何能够稳坐在一匹桀骜不驯的野马上呢？但这就如同趋势波动的样子，它想要把所有想驾驭它的交易者都统统甩掉。事实上为了继续保持趋势必须如此。

我们必须承认，所有交易必定是一种折中。我们永远无法做到每次在低点买入然后在高点卖出，永远无法把握整个趋势过程。因此，正确的开始是先定义一个趋势。一旦给出了一个定义，我们就可以根据这个定义来把握这样的趋势。

我将使用市场剖面图理论来定义趋势。所谓上涨趋势就是缺乏主动性卖出的状态，所谓下跌趋势就是缺乏主动性买入的状态。

然后我们再来定义止损。我们必须看到主动性的反趋势价格运动并且必须等到该价格运动出现价格接受形态时才进行止损。为了恰当地使用这些技术，你需要知道价值区域在何处。计算价值区域有一定难度，因而最好是用合适的软件来完成。还有一种方法是使用前一交易日的价格区间来确定是否有错误的主动性价格行为出现。

在第 15 章中，我们讨论过价格接受这个概念。如果市场拒斥了趋势停顿，那么你希望跟随趋势；如果市场没有拒斥趋势停顿，那么你应该选择离场。一般来说，应该假定趋势会尽可能长时间地延续下去，因为趋势是你的朋友。

剩下来的一项就是进场条件了。然而，我们没有特定的进场条件，我们所寻求的是利用之前已讨论过的低风险机会进场，然后如果已加入"趋势"之中，那么就一直顺势而为。你可以分多次完成进场。这样做挺不错，但你必须关注自己的整体头寸并且避免"过度交易"。

当你感到趋势有些后继乏力时，卖出期权可能是一项有用的交易技术。因此，如果你正在交易一个上涨趋势并且正在做多，假如持有 4 份期货合约，那么可以在你可能退出部分期货头寸的价位上卖出 2 份认购期权。这么做不是因为出现了趋势改变的迹象，而是因为市场正在从心理层面上使你的头寸松动。你可以分阶段这样操作，它可以较为显著地提高你的整体盈利水平。

当你感到趋势有些后继乏力时，卖出期权可能是一项有用的交易技术。

价格调整运动

继趋势之后我们必须处理如何应对价格调整运动的问题。任何价格调整运动的任务都是把那些持有与趋势相同方向头寸的交易者震荡出局。价格调整运动使用包括时间、价格、新闻和速度等在内的多种武器来实现其目的。所有这些都有助于营造趋势重新启动的心理氛围。当然，有一点非常重要，就是要对调整运动和新趋势做出区分。通常要做到这一点很困难，但我们要知道如何做好接受亏损的心理预期，要知道我们无法始终保持正确。区分是新趋势还是价格调整运动的困难，与设法判断是横盘整理还是趋势运动的困难都是交易中很重要的问题之一。

只有最微弱的价格调整才不会导致某些与我们正在跟随的趋势相反的主动性卖出或买入的行为。如果调整的价格没有被接受，那么我们仍旧可以跟随趋势。但如果已被震荡离场，一旦判断出（无论对或是错）这只是一次将我们震荡离场的价格调整运动，我们需要重新进场。

图 22-6 显示了价格调整运动之后的一次上涨。在这个例子中，上涨趋势出现了中止，因而取消了该信号。

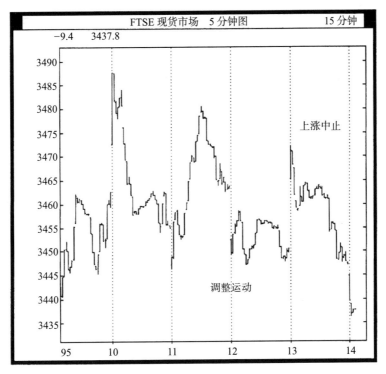

图 22-6 调整运动

其他系统化方法

这些方法多种多样，我们将在第 23 章中予以详细讨论。

·小 结·

- 我概述了10种期货策略。

- 开盘跳空发生在市场前一日收盘价和后一日开盘价之间出现跳空缺口之时。

- 突破失败发生在价格超过前期高点或低点然后出现反转之时。

- 回测失败发生在价格探测前期高点或低点而无法超过然后出现反转之时。

- 方形密集区域是横向分布较多价格线的一种形态，当价格超出"方形"之外时就发出交易信号。

- 关键价格水平是一个重要概念，指的是之前市场价格运动的支撑位或阻力位，以及概数价位。

- 艾略特五波浪是艾略特波浪理论的组成部分。

- 跟随趋势是有难度的，但如果你能够做到，那么回报会非常丰厚。

- 价格调整运动是之前趋势即将恢复的一种迹象。

- 其他系统化方法将在后面两章里进行讨论。

第 23 章

交 易 系 统

我一直在积极地开发针对市场价格运动的系统化方法，这些方法通常围绕本书中提出的低风险理念进行开发。因此我已开发了一套在单个交易日内可建立多次头寸的日内交易系统（已售罄），另外还有一套在单个交易日只交易一次的 PDS 系统（已售罄），还有一套名为"趋势猎人"（Trend-Hunter）的顺势交易系统（未售罄，尚有少量拷贝剩余），以及一套名为"隔夜持仓专家"（Overnighter）的交易系统，该系统寻求把握和利用在某交易日收盘与次日开盘之间出现特定情形所产生的交易机会。这些系统包含在本章后面要讨论的我个人的交易规则之中。在第 24 章中我列出了自己在交易中使用的全部交易系统清单，其中部分系统以第 22 章中介绍的策略为基础。

对于任何一套交易系统，我始终把发行客户数量控制在 10 个人以内，因此售价可能相对较高。然而，布丁好不好，吃了才知道，这同样适用于交易系统——只有当它可以在未来产生利润时才是物有所值的。任何从我这里购买了交易系统的人都不仅仅是购买了一套系统，同时也购买了我为其开发有用系统的承诺，或者说我为其找到市场中盈利新路径的承诺。这是一项非常重要的承诺，也是我始终限制出售数量的原因。

交易系统的售价也与其自身的盈利能力相关。一开始需要支付一笔首付款，但之后的费用只要从利润中拿出来就行了。这需要某种程度的信任，一般来说，我喜欢把交易系统出售给那些我知道的人（例如订阅《技术交易员》的读者）。当然，这并不是固定不变的规则。

止损

我已在前面列举每一类低风险交易机会时较为详细地讨论了止损，并在第15章中进行了更充分的讨论。然而，我对止损的使用经历了一个不断改进的过程，这个过程可能对其他交易者会有帮助，因此我在此简要地叙述一下。

当最初开始交易时，我根本不知道什么是止损。不过，我当时正在卖出期权，当面临压力时我想可以通过卖出与原先头寸方向相反的期权或者买入与原先头寸方向相同的期权来限制风险。以这种方式，从某种程度上我限定了暴露在风险中的资金数量，并且当市场触及某种价格水平（这也可以称为"止损"位）时我将采取上述行动。

之后，我开始学习与交易相关的知识（我可以向你保证，这是一条艰难的路途），同时我也开始接触期货。在这个阶段中，我理解了使用止损的基本原理，经历了许多阶段。我既在期货市场中使用止损，也在现货市场中使用止损（我的经纪人会替我这么做），既使用过非常宽松的止损，也使用过非常紧的止损。

如今我仍旧时常使用其中某些止损技术，大多数情况是在我必须出于这样或那样的原因离开办公室的时候。这方面有个故事可以作为前车之鉴。我的一位朋友为了去拿一份文件而需要离开 10 分钟，他没有想到需要考虑设置止损。他穿过斑马线时，第一辆车停下来了，但后面紧跟着的第二辆车却没有停下来，结果使得第一辆车撞向了他。然后他被送进了医院。当他苏醒过来时，发现他在市场中的头寸已经大幅缩水。请记住这句箴言：如果你要外出，一定要设置止损。

请记住这句箴言——如果你要外出，一定要设置止损。

还有另外一点需要注意。我现在已经养成了执行心理止损的纪律，因此我不需要设置市场止损。如果你还没有养成这样的纪律，那么就必须设置市场止损。

那么我现在如何使用止损呢？一般来说，我使用心理止损，但也使用价格接受这个概念。因此在离场前，我希望看到价格在我的止损位下方被接受。每当我外出时，我就直截了当地设置市场止损。因此对于"我现在如何使用止损"这个问题的答案是"一般不使用，但也不一定"。我总是寻求控制我的风险和控制暴露于市场中的头寸规模，这也是你必须要做的事情。

一个成功秘诀

本节要谈的内容可以被视为一个成功秘诀，或者说许多人没能取得成功的原因。在我的交易中存在的最大问题就是"先入之见"，尤其是艾略特理论。我过去常常因看到某种形态，然后下意识（或者部分下意识）地确信市场会出现某种特定结果。于是这影响到了我所有的交易，通常会导致可怕的结果。但许多分析技术都会出现这样的情况。唯一的解决方法就是意识到这个问题的存在，然后主动摒弃这种错觉。对于你所做的每一笔交易，都要确切地考虑清楚你为何这么做。如果错觉悄悄地混了进来，那么就立即消除它。

市场中的所有形态都是无意义的，除非被确认。一旦确认，在被否定之前这些形态将保持一定的指示意义。你务必知道这些事情在何时发生。请记住，**根据你所见到的来交易，而不要根据你所认为的来交易！**

一些补充说明

本书中的内容应该特别适合最热衷于交易的人。如果你想这么做，你也许可以在一天之内根据某些信号交易两三次。然而，关键是要遴选交易机会。只选取最佳的交易机会，这是一个非常重要的理念。确定你正在寻求的目标，然后只采摘最成熟的果实。学会保持一些耐心，越有耐心越好。

我自己的交易

我是否使用这些交易系统来做交易呢？你肯定知道我一定在使用！这些系统能够赚到钱，并且它们以低风险和可接受的方式赚钱。有些信号曾经提示过一些最好的价格运动。它们与传统经验相悖，至少就许多年前我所理解的传统经验而言。我始终都在通过冒较小的风险获得较大的收益。

然而，我未能完美地使用这些交易系统。乔·罗斯写过一本名叫《快速交易》(*Trading by the Minute*) 的好书。在书中他提出了那句至关重要的断言："根据你所见到的来交易，而不要根据你所认为的来交易！"明白这一点非常重要。我曾经遇到的最大问题之一就是沉迷于艾略特理论（参见附录 E）。有时候某个艾略特形态形成了，而我认出了这个形态，虽然与自己的意愿相违背，我仍然会困在艾略特理论的观点中无法摆脱。我已明白，在过去的许多时间里自己为此付出了相当昂贵的代价。但我现在已经克服了这个问题，我已能够过滤各种观点，从而做到根据自己所见到的而不是根据自己所认为的来交易。经历这个过程需要一段时间，因为它深入内心并且总是会有进一步改善的空间，但它对于发挥你的最大交易潜能至关重要。

我意识到自己在书里前前后后不断地重复自己的观点。但我认为，为了突显重要性，应该对比较重要的观点不断地进行反复强调。

我也并不认为自己是一个伟大的交易者——我是一个优秀的交易者，然而还算不上伟大！我已经进入了盈利绰绰有余地超过亏损的阶段，这是遵守本书中所述的交易原则和纪律所带来的直接结果。交易纪律总是个问题。不过我已经制定出了自己的交易规则，这些规则给予我足够的弹性操作空间，反而使得我可以更容易地遵守。

我的交易规则

本书提供了我所知道的关于交易的一切内容。你可能会说，书中的内容有点散乱，并且没有足够多的结论。这可能是比较公道的评论，但从很大程度上来说，你必须自己得出结论。这就是交易的本质所在。有句话说得好："你能够把一匹马带到水边，但马喝不喝水你无法决定。"我已经努力给出所有来自我的经验（流动性的思想）的背景资料供你饮用，但你需要自己把它们喝下去。你需要从这些信息中提炼出制订你自己的交易计划所需要的东西。

> 你需要从这些信息中提炼出制定你自己的交易计划所需要的东西。

基于此，我列出我的交易规则如下。

交易规则：1998 年 8 月

1. 只接受最佳交易机会，它们分别是：

　a. 当趋势很明显或者（极少情况下）出现非常强烈的反转信号时。

　b. 要么在开盘时出现价格未延续信号，要么在关键价格水平处出现价格未延续信号（回测失败或者突破失败）（PDS 系统）。

2. 在 a 的情况出现时卖出期权，可以使你置身于（已感知的）趋势之中。

3. 在 a 和 b 的情况同时出现时交易期货，并且只在这样的情况下交易期货。

4. 只有在有很好的理由并且没有太多副作用的情况下，才可以持有期货头寸过夜。

5. 考虑利润保护／盈亏平衡策略。

行动——选取所有最佳交易机会的图表并认真研究它们。

止损／对冲

期货——一开始应当在价格未延续形态外侧设置止损位。既要设法跟随趋势，也要设法保护利润。在期货至少有 80 个点以上的利润时我们才可以用期权对冲，并且需要谨慎地考虑是不是兑现利润更好一些。

期权／对冲

我们始终要试探性地建立头寸。一开始先确定某个方向进行交易，然后如果有必要的话再建立对称头寸。如果离到期日仍有 2 ～ 3 个星期以上的时间，那就先不要用对称头寸策略，可以使用 25 规则或者那些自行出现的合适低风险机会进行对冲。在某个方向上趋势已经明朗之前不要卖出另一边的头寸。

你可以从上述内容中看到，我充分利用了本书介绍的所有低风险交易机会，并且我已经从关于卖出期权的讨论中得出了自己的结论。本书旨在让你同样可以做到如此。我猜想你不会选择和我一样的规则，但必须选择适合你自己交易个性的规则。一旦读完本书之后，你的首要任务就是把你自己的交易规则阐述清楚。

风险警示或免责声明

任何一本真正的交易类书籍都必须要有这部分内容才堪称完整，而且英国的监管规定（可能）也需要如此，虽然监管规定可能在某种程度上有点走极端。然而，这样的警示确实可以发挥一个有益的作用，用来提醒你我都应当脚踏实地地进行交易。该警示的真谛在于，交易要面对的世界是一个现实的世界，当你想在市场中采取任何行动之前，至关重要的一点是你的思维必须处在现实世界中，而不是处在想要获得持续交易成功的梦幻世界中。在本书中，我努力揭示现实，但现实常常令人痛苦。

在本书中，我概述了在市场中已经证明是成功的交易方法。然而，有一点必须向交易者交代清楚，即使是经过多年检验的最佳交易系统也会有好几个月的亏损期。这是一项存在于任何系统化市场交易方法中的风险。资金管理和风险控制旨在减少这种情形的影响，但无法完全消除。因此，亏损将会发生，这是必然的，并且它们甚至可能亏光你的交易资金。如果我所述的策略得到正确的执行，那么我估计这样的情况不会发生，但我无法保证它不会发生。对于每位交易者基于这类方法做出的任何决策我都不承担责任。有一点至关重要，在市场中你应当对自己的行为承担全部责任。如果你做不到，那就不要从事交易。

在本书中，任何内容都不应该作为买入或卖出任何期货或期权及其他交易工具的建议。我只是在概述方法，这样的方法是否适合你完全取决于你自己的判断，并且你由此所做出的交易决策都是属于你自己的。

尚未结束

这还不是结尾，尽管我们正接近本部分的末尾，相反它可能是一个开始。现在，判断本书中的方法是否可以帮助你在市场中赚到钱完全取决于你自己。我所做的一切都是想让你来之不易的钱能够花得物有所值，因此我也乐于和你探讨本书的内容。如果你还有想进一步弄清楚的内容，那么请尽管联系我。我在这方面是不收费的，但也并不是所有一切都打算提供免费服务。我总是乐于讨论和解释任何书中的内容，但总会有一些问题比较适合采用计费咨询的方式（参见附录A）。如果你的问题需要收费，我将会告知你。

在交易中取得成功其实就是稳定持续地盈利。为了实现这一点，我们必须遵守下列金科玉律：

1. 只接受最佳机会。

2. 始终做到风险最小化，只接受低风险机会是途径之一。

3. 采用良好的资金管理系统。

4. 养成遵守这些规则的交易纪律，尤其是对第 1 条纪律。我们总是会很容易变得过度自信，以及非常容易对自己所看到的信号忍不住出手交易。这样的话你很快就会输个精光。"对于我们的交易而言，只有最佳机会才值得交易！"这是一句应当遵循的箴言。

> 不通过实践，你无法学会怎么去做。
>
> ——卡萨诺瓦

· 小 结 ·

- 针对那些想要购买交易系统的读者，我介绍了自己关于交易系统开发的工作与理念。

- 我使用止损的方法经历了一个改进过程。交易者不应当使用心理止损，除非他们百分之百确信自己将会执行。

- 在我通往交易成功的路上，预设结果是一个大问题。观察市场并且根据你所见到的（尤其是在它与你的认知相冲突之时）而非你所认为的来交易是至关重要的。

- 我自己的交易已经达到了相当高的水平，但还是存在可以改善的空间，我猜想情况永远是这样的。

- 我列举了我的交易规则。

- 我提出了风险警示，因为我认为交易者谨慎地考虑不利后果是十分必要的。

| 第 24 章 |

交易系统和使用时机

交易和生活都是行动，不是思考。

——约翰·派珀

使用交易系统主要有以下几种方式：

1. 100% 的机械化交易。这是非常困难的并且需要交易纪律，大多数交易者都会出现问题，包括我自己。我知道有些交易者宣称通过实行 100% 的机械化交易方法而取得良好成绩，但我无法做到这样。

2. 0% 的机械化交易。大多数交易者属于这一类，他们不断地试用系统与放弃系统，再转而求助另外新的系统。这种交易方式注定是要失败的。你必须成为自己所选择的市场专项内容方面的专家。首要的步骤是发现你的市场专长，这需要思考和反省。像弹珠球那样在许多不同技术之间撞来撞去切换不定是没有任何好处的。有一件非常奇怪的事情，就是大多数购买了交易系统的人从未按照预想的那样去使用它们。购买交易系统的人里面实际上大概只有 1% 的人在使用它们。

3. 我使用交易系统的方式是先寻找交易条件然后使用看上去最适合的

交易系统。在这种情况下，最关键的是交易条件，而不是交易系统。

交易系统

交易系统都提供较为简明的进场机制，但所有交易系统都包含了如下一些基本组成要素：

1. 低风险——每个交易系统都包含了一个较为简明的离场机制，使你出错时可以及时离场。

2. 显而易见的触发点——在触发点上信号会很清晰。

3. 简明的逻辑——可以清楚解释交易系统为什么是有效的。

在任何时候我们都无法知道市场可能会带给我们什么样的结果。

在任何时候我们都无法知道市场可能会带给我们什么样的结果，因此我已经开发出许多交易系统，使得当我看到合适的交易条件时可以选择合适的系统进场。我使用的系统有下列几个：

1. V 系统。

2. XXX 系统。

3. 回测失败系统。

4. 突破失败系统。

5. 艾略特五波浪系统。

6. PDS 系统。

7. 趋势猎人系统。

8. 隔夜持仓专家系统。

9. 形态中止系统。

在这些不同方法之间存在某种重复，下面介绍它们是如何运行的。

V 系统

这是个非常短线的系统,只需要穿透前一条 5 分钟价格线的最高点或最低点就发出信号。它得名于 5 分钟价格线,V 是阿拉伯数字 5 的罗马数字写法。止损位设在触发信号的价格线的另一端。如果我预料将会出现具有相当确定性的价格运动,也就是说我看到了非常好的交易条件已形成,那么我可能会在开盘时使用 V 系统。在开盘时第一条价格线就是触发信号的价格线,如果我正在寻求做空,那么当市场出现比第一条价格线的低点更低的低点时我就做空。在通常情况下,如果它被穿透一个最小价格变动单位(tick),我就进行交易。我可能会使用某种价格接受的形式来止损。

XXX 系统

除了使用 30 分钟价格线之外,XXX 系统与 V 系统完全相同。阿拉伯数字 30 的罗马数字写法就是 XXX。

回测失败系统和突破失败系统

这两个系统在第 22 章里已经介绍过了,在此没有其他可以补充说明的了。

艾略特五波浪系统

第 21 章也包含了关于艾略特五波浪的评论。不过,我已经决定对艾略特波浪理论进行修改,或者说至少是修改我对该理论的诠释。与原先的用途不同,我把艾略特五波浪作为趋势变化的一种提示。对于方向与第 5 浪相反的价格运动,我将不假定其为价格调整运动。如果这样的调整出现，那么我可能考虑进行反转交易。但一旦第 5 浪看上去要结束了，我的第一冲动将会是对第 5 浪进行反向交易。

PDS 系统

PDS 是我已经出售的系统，并且已经答应那些购买者不对外透露具体的交易规则。不过我可以简单提一下该系统背后的设计理念，就是寻找早期的决然式买入或卖出行为（即通过在图表上看到可能被价格未延续形态确认的价格长钉）。然而，实际的系统规则是个秘密。

趋势猎人系统

趋势猎人系统是另一个我已经出售的系统。它与 PDS 类似，都是寻找价格未延续形态。但在这套系统里，价格未延续形态通过价格延续形态来确认。具体的规则仍旧不能透露。不过，我还有一些趋势猎人系统的拷贝尚未售完，而 PDS 系统已经售罄。

隔夜持仓专家系统

我过去曾经对持仓过夜十分戒惧谨慎，但之后我意识到，这只是市场将恐惧灌输给我们的另一个方面而已。要想获得最终的成功，我们必须克服这样的恐惧。关于这方面的内容，请参见第 2 章中的交易者进阶历程。乔·克鲁兹辛格（Joe Krutsinger）的《交易系统工具箱》(*The Trading System Toolkit*) 一书对我颇有帮助。他的逻辑简单明了：如果大多数交易者害怕持仓过夜（事实上也确实如此），那么这样反而恰恰就是成功交易者应该做的。隔夜持仓专家系统目前正在发售中。

形态中止系统

形态中止系统也包含在了第 21 章的内容中。

如何创造财源滚滚的交易未来

如果你遵循本书所述的交易策略，那么你将只对最佳机会进行交易，一旦出错了就迅速离场，并且让利润奔跑。能做到这样的话，你就已经赢在起跑线上了。有这样的心态十分重要。你是一个盈利者，而不是亏损者。事实上，请从你的词典里删除"亏损者"这个词，你将惊讶于这可能是个多么重要的改变。参见安东尼·罗宾（Anthony Robbins）的著作《唤醒心中的巨人》（*Awaken the Giant Within*）。

> 有这样的心态十分重要。你是一个盈利者，而不是亏损者。

在本章中，我打算透露自己已发现的所有秘诀。有些秘诀你已经知道了，有些秘诀我已经在书中讨论过，但对于任何秘诀而言，重要之处在于真正认识它的价值：

1. 当你已经把握住了一个好的价格运动时，请坚守仓位。如果你发现自己的注意力正集中在如何离场上，那么你必须把注意力转移到如何增加仓位上。只要"白痴"的左脑半球有事情在考虑，通常它都会感到乐此不疲。

2. 不要轻易改变策略，无论顺逆都要坚持使用下去。否则，你会发现当你做出了改变之后市场也会发生改变，你将始终错过机会。请保持耐心。

3. 卖出期权的合适时机是在那些波动率较高的时刻，尤其是当其他人刚刚被淘汰出局的时候。

4. 你需要其他人帮助你学习交易这件事情，并帮助你意识到交易技术的价值。比如，如果没有 Pitfox（这是一位机构交易者的化名，为尊重其个人意愿我在此隐去了他的真实姓名，第 12 章收录了我对他的访谈内容）的帮助，我将无法意识到市场剖面图的价值。顺便提一下，他要求我做的第一件事情竟然是去阅读罗伯特 M. 波西格（Robert M. Persig）的《禅与摩托车维修艺术》（*Zen and the Art of Motorcycle Maintenance*）一书。如果我对某些人在市场中的能力怀有敬意，我总是会去做他们要求我做的事情。我认为这是一条值得遵守的规则。换言之，你必须让你成为一个"空杯子"。满脑子都是你自己可不好，这样就没有容纳其他事物的空间了。如果你的心中再也装不下其他事物了，那么应该好好参悟和反省这一点。

5. 到了交易的时候，你必须成为你自己。不要跟从其他任何人的行动，也不要听从其他任何人的意见。走自己的路，这是通往成功的唯一道路。这么说并不意味着你不要使用（或部分使用）其他人的方法体系，但你必须让那些方法成为你自己的。除此之外没有其他方式行得通。

6. 不要掉进"三次亏损陷阱"。许多交易者使用某个系统，然后当该系统连续三次出现亏损之后就放弃该系统。任何系统都可能会出现这样的情况。如果你遇到这样的情况就立刻放弃的话，那么你将永远无法取得成功，因为你将始终处在不断更换系统的状态中。

7. 你必须调整自己的注意力。先选定对自己的方法而言必备的要素并且设法得到它们，例如使用合适的软件、数据等，然后成为运用该方法的专家。你必须成为一名能够盈利的专家，但是除非术业有专攻，否则你将很难成功做到这一点。

8. 如何面对盈利是你必须学会的关键一课。因为我们往往对此缺乏经验，所以很少有机会去学习它。它不仅仅是交易纪律怪圈（即交易者先因遵守交易纪律而赚到钱，然后变得自满而亏钱，之后再次全力以赴赚到钱，然后又开始自满，如此循环往复）的问题，相比之下交易纪律怪圈只不过是表面上的问题，实际上它涉及了某些我们人类本质中非常深层次的核心问题。部分原因是，在学会交易的过程中我们必须学会妥善地应对亏损。而一旦开始盈利，就会与先前我们用来应对亏损的方法体系产生冲突。我们所知道的让自己盈利的规则开始失效并且不清楚原因是什么。你必须打破这种模式。

9. 截断亏损。

10. 让利润奔跑。

11. 只把握最佳机会。

掌握了所有这些秘诀，你将会成为一位赢家。祝你好运！

·小 结·

- 当我在市场中先看到符合某种交易条件的情况出现时，我就去选择使用相应的某一套交易系统。
- 交易系统的本质特征就是低风险、清晰的入场信号和可以解释它为什么是有效的简明逻辑。
- 我列出了自己在使用的 9 套交易系统，并且解释了大部分系统的工作原理。
- 我用列表的形式总结了自己在迈向成功交易过程中发现的一些关键秘诀。

| 第 25 章 |

市 场 迷 思

指标与市场分析技术

现在我想谈谈关于"虚幻认知"（illusion）的问题，因为大多数交易的发生都基于虚幻认知。这本身并不算是什么问题，问题在于许多交易者赋予了虚幻认知以意义，而通常情况下它并无意义。虚幻认知可能会以艾略特波浪理论、江恩分析理论、RSI 背离、MACD 信号、随机指标等形式出现。实际上，上述这些并不意味任何东西。这并不是说这些信号是假的，但它们只是在统计上正确，也就是说，它们没有确定性意义。它们只有在与市场价格运动相互同步时才有用，一旦市场与其不再同步，那么它们反而会起反作用。事实上，从某种程度上来说，这些分析技术中的大多数仅仅被用于一种进场机制。进场是交易中比较容易的部分，实际上你如何进场并没有多大关系，重要的是你如何离场。许多交易者被虚幻认知迷惑而亏损出局，因为他们没有意识到以各种信号形式出现的虚幻认知时过境迁已变得毫无意义。窍门在于明白进场机制究竟是什么——它只不过是让你便于进入市场的虚幻认知。成功的交易者只有在交易符合他们持仓标准的情况下才继续持仓，一旦不符合了就立刻离场。这是关键所在，进场在很大程度上是无关紧要的，它唯一的意义在于给予你一个进场的触发点，再加上一个止损位。理解了这一点，你的交易就步入了正轨。

换言之，交易者痴迷于进场标准，但是大多数你关注的分析技术只是进场系统而已，并不是其他东西。当我们认为它们是其他东西时，问题就出现了。艾略特理论和江恩理论是最糟糕的典型，因为它们假装自己具有意义，但其实从头至尾都不具有意义。事实上，如果你顺着趋势交易，那么在哪里进场真的无关紧要，逆着趋势交易也是同样的道理。用某个进场方式你可能会在10次里面盈利8次，而用其他的方式可能会在10次里面亏损8次。你能猜出哪个是盈利的哪个是亏损的吗？实际上，10次里面盈利8次的胜率有些高，但如果你正确地把握了趋势可能就不算太高——尽管已感知的趋势常常与趋势不相同。

新闻

新闻本身并没有太大意义，以下这个故事可以说明这一点。

从前有一个贫穷的农夫，他唯一值钱的财产就是一匹良种公马。有一天公马跑走了。"真糟糕！"他的邻居悲伤地说道："那你该怎么办呀？"农夫表示发生这样的事情的确不太好，但他将会静观事态的发展。第二天，这匹公马带回来了两匹为其出色魅力所倾倒的母马。"天哪，真棒！"邻居说。"也许吧。"农夫回应道。又过了一天，作为家庭主要劳动力的农夫儿子在驯那两匹母马时摔断了一条腿。"真糟糕!"邻居说:"你可怎么活啊?""也许吧。"农夫说。第二天,军队来村里抓壮丁参战。"好幸运啊!"邻居说:"你儿子躲过一劫,不必赴前线送死去了。"

这个故事告诉我们一个道理,新闻完全是无关紧要的,重要的是接下来会发生什么,而我们并不知道接下来会发生什么。对交易而言,新闻内容并不重要,真正重要的是市场如何认知新闻事件,其次是市场如何对新闻做出反应。如果市场认知是"看涨"的,但我们看见的却是卖盘涌出,那么这就向我们透露了某种讯息。

新闻也产生风险,因此你应该避免在新闻事件即将发生之前进行交易。一旦新闻的影响消退,那么建立低风险头寸的机会就会出现。

零和游戏? 千万别相信

有人说期货和期权交易是零和游戏。千万别相信。只有当你可以免费进场和离场时才是零和游戏。但你无法做到这一点,因为你每次交易都需要支付佣金,这使得交易成为一个大型的负和游戏。我在此还没有将我们必须承担的额外买卖差价算进去——除非你为了避免买卖差价而始终使用限价指令单(限价指令单自身也会带来问题)。这就是亏损者的百分比如此之高的原因之一。对于所有交易者都在争夺的盈利亏损结果,其总和是个负数!

系统

有些交易者认为,他们需要的就是一套交易系统,然后一切都会很顺利。这有一点点道理，因为我已在本书中解释过了。然而，他们拥有的系统必须适合他们，并且很少有（也许没有）系统是可以"轻松自如"地运行的。运行它们都需要付出努力，但许多交易者实际上不想付出任何努力。这就是淘汰率会这么高的原因之一。

· 小 结 ·

- 本章对一些市场迷思进行了剖析。
- 指标和市场分析技术在很大程度上只是虚幻认知而已。
- 新闻实际上没有"好"与"坏"之分，重要的是接下来会发生什么。
- 期货和交易期权不是一种零和游戏，它是一种大型的负和游戏。
- 拥有系统可能是前进道路上的重要一步，但是仅此还远远不够。

第 26 章

期货和期权成功交易 10 步法

我已经全职交易期货和期权 10 多年了，同时我做交易教练指导其他交易者发挥最大潜能也差不多有这么长时间了。如你所料，经过这么多年，我的交易理念和教育理念都已经发生了改变。实际上，我先前认为个人交易者必须自己走完这段成长旅程，我所能够做的只是给予一些指导。现在，我认识到这不是最好的方法。对于那些朝着无止境的交易成功目标迈进的交易者，可以给予他们比单纯指导更多一些的东西，事实上现在我相信他们需要得到更多。因此我已经总结了一个简单的 10 步法过程，它既适用于那些想要交易期货的人，也适用于那些想要卖出和买入期权以及交易股票的人。本章列出了 10 步法过程并将其作为新内容介绍给那些可能发现该方法对他们有帮助并且在实际执行过程中会感谢我帮助的人。

步骤 1：当前我身在何处

现在我已经提供了一份关于交易和心理问题的调查问卷（参见附录

D）。在你可以抵达自己想要去的地方之前，你必须先判断自己现在身在何处，否则你将不知道应该选择哪条路径。我的调查问卷有两个作用。第一个作用是告诉我你现在的情况，从而使我可以为你规划一项个人计划。第二个作用更为重要，它使你知道自己应对市场的方式，也许还可以看清楚哪些是你需要自身努力去改善的方面。

步骤 2：我想要去何方

如果你打算去某处，最好先知道它在哪里。正如我曾说过的那样："有计划的人比没计划的人要领先许多步。"因此我们需要明确你的目标，你是否希望为自己理财、交易或者其他什么？也许你实际上并不想交易，如果真是这样的话，最好还是现在就弄清楚这一点为妙。请阐明你在 5 年内想要实现的目标，并且阐明实现上述目标所采取的步骤。此外，你需要知道自己对何种交易方式感兴趣，诸如何种交易品种、何种时间框架、何种信号类型等。所有这些都是很重要的方面，你需要正确地把握它们以获得最大潜能。

> 我们需要明确你的目标，你是否希望为自己理财、交易或者其他什么？

在经历了整个 10 步法过程之后，你可能会重新回到步骤 2，因为当你懂得更多东西时，你将能够更好地重新明确自己的目标和自己喜欢的方法体系。

步骤 3：生存（1）

> 为了在市场中生存，你必须学会限定自己的亏损额度。

为了在市场中生存，你必须学会限定自己的亏损额度。如果你无法在市场中生存下去，那么你就没有机会学到更多的东西。限定亏损有许多方式，如何选择取决于你使用的交易品种和你的交易风格，以下是一些可能采取的方式。

1. 使用市场止损。

2. 交易可以设置"保证式止损"的 IG 指数[⊖]（IG 公司堪称英国的证券"博彩店"）。

3. 买入期权，这样你的风险就被"限定"在资金总投入范围内。

4. 使用心理止损。

5. 使用基于"价格接受"概念的止损。

6. 使用合适的对冲策略，比如我在卖出期权时所采用的策略。

对于那些交易期货的人而言，通常唯一现实的选择是在进行交易的同时设置市场止损。这是因为大多数交易者在选择其他止损方式时都会出现很糟糕的问题。在市场中生存的关键是在需要行动的时候采取行动，因此你需要采用一套能够帮助你执行止损的流程。

本步骤可以帮你节省许多钱，它是你必须学会的最重要一课，因为它给予你时间去学习剩余的重要内容。

步骤 4：生存（2）

在市场中，再怎么强调生存都绝不会错。步骤 4 是关于资金管理方面的内容。同样，每位交易者必须对资金管理进行个性化调整以适合自身，咨询服务中的部分内容就是个性化资金管理。我发现自己偏好于让每一笔交易头寸的风险不超过总资金的 1%～2%，但由于未能完全摆脱动物本性，我在卖出期权时所冒的风险可能会比上述比例稍微高一些。资金管理

⊖ IG 公司于 1974 年诞生于英国伦敦，是全球首家提供差价合约交易的券商。——译者注

的第一规则就是绝不在你可以持续稳定盈利之前交易 1 份以上的合约，但是也许绝不应该在你的虚拟交易能够持续稳定盈利之前进行实际交易，这样就可以为一些交易者节省一大笔钱。如今，在富时指数期货市场中每个点相当于 10 英镑，因此如果你正用 10 000 英镑来交易，你可以冒相当于 20 个点（200 英镑，即 2% 总资金）的风险以符合我的标准。也许 20 个点的范围有点窄，但也不算太糟糕，你肯定经常会看到在这类风险范围内出色的交易机会。当然我已能够开发出若干精准的方法体系使风险降得更低。

步骤 5：方法体系

这时候我们需要合适的方法体系。所有咨询客户都将得到关于如何交易回测失败和突破失败信号的精准规则。其他方法体系可以作为一揽子方法体系中的组成部分而提供。我还有其他一些策略可以通过先收益再付款的方式获得。需要说明的是，该方式只适用于我的咨询客户。

在方法体系这一点上，关键是要清晰和精准，它必须确切地告诉你何时应该和不应该持有某笔交易头寸。这一点很重要，因为你需要知道什么时候你没有在遵守规则。这是此步骤最根本的作用，它会让你更加了解你自己。但这个过程直到步骤 7 才真正开始，因此让我们等到进入步骤 7 时再说。

步骤 5 的另一个关键方面是信息。你需要确保可以获得充分的信息来操作自己的系统。但反过来说，你可能会发现自己正在接收大量并不需要的信息。例如，如果你正在操作一套纯粹由价格驱动的交易系统，那么你完全不必从头到尾地阅读《金融时报》《华

你需要确保自己可以获得充分的信息来操作自己的系统。

尔街日报》或《投资者年鉴》等刊物。你可能会发现自己正在接收的信息有 90% 都是不必要的。如果不这么做，那么你可以节约出许多时间做更多具有建设性的事情。

步骤 6: 理论

在获得了一套自己满意的方法体系之后，下一步就是进行虚拟交易。

> 在获得了一套自己满意的方法体系之后，下一步就是进行虚拟交易。

这一步也很重要，原因如下：

1.虚拟交易中不管用的方法在市场中也不会管用。

2.虚拟交易至少会遵守交易纪律，它也可以揭示出你在真实交易中将会感受到的情绪冲动。在时机成熟之前，有这样的冲动是不妥当的。知道自己有这样的冲动很有好处，因为当你开始真实交易时它们将会成为你最难以对付的敌人。

3.你需要对自己的方法体系建立信心。回溯测试是一种途径，并且你也有必要这么去做。但前瞻测试更好一些，因为你可以看到形成信号的整个过程。

4.通过将自己在进行每一笔真实交易时的感受显现出来，你可以建立起对使用自己方法体系进行交易的信心。

因此，通过虚拟交易可以学到很多东西，我相信它是整个 10 步法过程中很关键的一个步骤。

步骤 7: 实践

现在到了使用你的方法体系进行真实交易的时候了。除了需要实实在在下单进行交易之外，这与虚拟交易没有什么区别。真实交易与虚拟交易的区别在于它们对你的心理影响不同。你需要把这种影响降到最低程度，如果能做到以下几个方面那就最好不过了：

1. 拥有一套优秀的资金管理系统，该系统能够确保你每一笔交易所承担的风险都是比较小的。你的资金杠杆比率不仅意味着可能的收益，也意味着可能的亏损和心理焦虑。过高的资金杠杆比率可能会激起你许多不希望遭遇的心理问题。胆小的资金永远不会赢。

2. 对自己的交易系统有信心。这就是虚拟交易很重要的原因之一。

3. 对自己的能力有信心，尤其是在能够迅速有效地截断亏损方面。

即使做到了这三个重要方面，一旦你开始进行真实交易，仍旧会出现许多问题。在这种情况下，咨询服务可以帮助解决问题。我自己已经历了这类事情好多次。

步骤8：恐惧

大多数交易者会在某些时候感到恐惧。这似乎是整个过程中不可避免的部分，也是所有交易者必须设法克服的问题。他们付出了努力并且抵达了风险导向的绿洲，那一刻他们不再是恐惧导向的交易者了。恐惧通常因大额亏损引起。在许多情况下（但不是所有情况下，因为你能够把一匹马带到水边，但马喝不喝水你无法决定），咨询服务将避免这样的亏损。但我发现有些交易者不通过吃大苦头是无法学习提高的。然而恐惧也会因许多小额亏损而产生，或者在极少的情况下它可能来自一些想象出来的市场问题。在步骤7中提到的三个方面有助于消除恐惧。但从根本上说，在某些情形下感到恐惧是很自然的事情，你必须意识到许多情形中存在着风险。一旦你知道自己所正在做的事情，那么这种风险就会是可控的。在某种程度上，这只不过是你能否成长为一名轻松自在的交易者的问题而已。

步骤 9：让利润奔跑

要想赚到可观的利润，关键在于让利润奔跑。如果你只是兑现小额利润，那么就不可能赚到丰厚利润（虽然这一点并不适用于所有方法体系），因为这些小额利润必然与小额亏损相抵消（在已经学会不遭受大额亏损的情况下）。在仍旧处于恐惧导向阶段时，同样不可能让利润奔跑。我过去常常疑惑为什么让利润奔跑会如此困难，但现在我认识到这是因为它超越交易者必须学会的第一个教训，即截断亏损。在有账面利润的情况下出现小幅回调时，总是比较容易去应用截断亏损的教训，但是这么做的结果将会导致你无法让利润奔跑。要做到让利润奔跑，你必须学会驾驭那些不可避免的回调从而不被震荡出局。

步骤 10：专业能力

最后一个步骤实际上不算是步骤，而是一个结果。你成为一名专家是因为你经历了实习期并且最终已能够运用直觉进行交易了。这并不意味着没有更多的进步空间，进步是永无止境的，但你已经完成了 10 步法过程，你已经做到了，并且你的稳定持续的收益将证明这一切。

咨询服务

咨询服务意味着我们共同合作来确保你把每个步骤做到极致。在某些阶段，需要花点时间来进行必要的基础工作，而在其他一些阶段，过程可能会非常漫长，另外有些阶段则可能会很快通过。

1. 交易与心理问题调查问卷。

2. 两套精准的交易系统（方法体系）。

3. 有权通过"先收益再付款"的方式获得其他交易系统（方法体系）。

4. 3个小时的首次咨询。

5. 一年的电话咨询服务。

6. 如果需要的话可以再延长一年咨询服务的权利。

具体安排可以灵活确定，每一位客户的实际内容都将是不同的。如果你想要获知更详细的情况可以发电子邮件给我（联系方式详见附录A）。

对本书的思考

没有风险，没有不确定性，没有困惑，就不会有利润。因此要学会理解这些因素。

若无负面之事，我们将无法区分正面之事。因此，负面是正面存在和感知正面的必要前提。由此完全可以得出结论，我们每个人必须以正面的眼光看待负面之事。事实上，负面之事之所以是正面的，乃是因为它具有让我们把正面与负面之事区分出来的正面效果。因此，请停止抱怨，保持安静并且正面地思考。

——圣哲I.塔利乌斯

摘自《星辰的召唤》

■ 取得成功的 10 个步骤：

1. 当前我身在何处？

2. 我想要去往何方？

3. 生存（1）；

4. 生存（2）；

5. 方法体系；

6. 理论；

7. 实践；

8. 恐惧；

9. 让利润奔跑；

10. 专业能力。

第三部分

THE WAY TO TRADE

图 表 教 程

第 27 章

美国与英国市场中的低风险交易机会

安排这一部分内容的目的，是通过对照实际的市场价格运动来说明书中所讲解的一些基本原则。在选择图表时，我已设法避免选择过于特殊的图表，因为我认为考察"典型"的市场价格运动更为重要，而不是通过仔细选择某些特殊的图表来设法证明某个特定的观点。太多的书精心挑选图表来"证明"那些实际上高度可疑的观点。在市场中，任何情况都可能会在某时某刻发生，而对那些很少见的情况进行例证乃是一种徒劳之举。同样，如果我们找来 100 个分析师（或者"大师"），从统计学角度上来说在任何一个时刻他们之中或多或少总会有人会预测正确。这就是"幸运猴现象"（lucky monkey syndrome）。不可思议之处在于整个职业生涯竟然可以建立在这样的统计确定性之上。如果你碰巧在一两年的时间里成为幸运猴，你可能一辈子都衣食无忧了。我可以想到一些分析师的例子，这些分析师碰巧蒙对了一段时间而且其预测已不再灵验，但他们的名声依旧显赫。非常不可思议！

图 27-1 显示了一个开盘抛售长钉形态，垂直线表示前一交易日的结束时刻。你也会注意到在上涨过程中有两个买入长钉形态。交易者可以以不同方式来运用这些价格长钉形态。以 5 月 5 日出现的卖出长钉形态为例，这个价格长钉的一个关键方面是它的顶端超出了前一交易日的最高点，而我认为这是很重要的一点。如果一个价格长钉不是这样子，就算不上是比较强烈的信号。对于一个买入长钉形态来说，如果它低于前一交易日的最低点，那么信号就比较强烈。为什么会这样？因为它已经探测了市场中明显设定的止损位，并且执行了这些止损单，但是没有引发任何明显的卖出（在买入长钉的情况下），事实上反而引发了明显的买入，这样的买入在图表上生成了价格长钉形态。这意味着我们已经看到了一个非常强烈的价格支撑水平，除非情况发生某种变化。反过来，图中所示的卖出长钉形态也是同样的道理。

> 对于一个买入长钉形态来说，如果它低于前一交易日的最低点，那么其信号就比较强烈。

当卖出长钉出现时，它的最高点触到 6105 点并且也是当月的最高点——当我将该图表保存到磁盘上时还不知道这一点。在 6105 点位上的长钉线与 7 月 7 日星期二的价格线高度相同，但仍旧没有被后者超越。图 27-2 显示了富时期货的日线图，其中标注出了这个特定高点。

在利用这样的长钉线进行交易时，交易者可以有多种选择。他可以等到价格已从最高点下跌了 X 点之后再进场——交易者可以根据自己的偏好来设定 X 的大小。X 数值越小，你接收到的伪信号就会越多；X 数值越大，每笔交易的成本就会越高。记住，在市场中没有免费的午餐。另一种方法是等到 30 分钟价格线的最低点被超过之时再进场（参见第 22 章的 XXX 系统）。另外你也可以使用 5 分钟价格线（参见第 22 章的 V 系统），

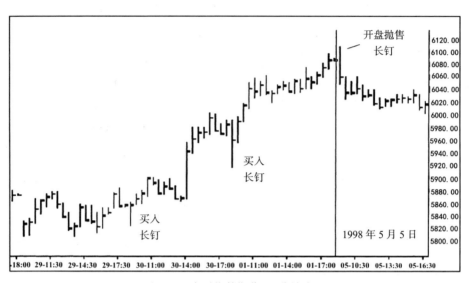

图 27-1　富时指数期货 30 分钟线图

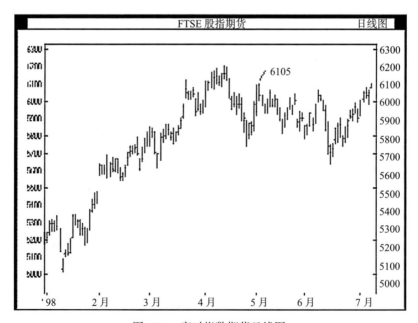

图 27-2　富时指数期货日线图

这样的价格运动时常会出现。当存在较长期的参考因素（如持续的趋势或清晰的极端价位）提示该笔交易，那么此信号就更具有意义了。

在这个例子中，朝着长钉线方向有一次非常强烈的上涨，市场出现一定程度的超买（我指的不是某些无意义的震荡指标所显示的超买，而是指剩下来的买家已经不多了）可能性非常高。同时，指数正处在6100点的概数附近，并且在这个关键水平上方形成了突破失败信号。事实上它包含了许多我在书中已讲过的交易原则。难怪后续显现出的下跌势头非常强劲。无论交易者对该价格运动采取什么样的进场机制，他都将占据上风，但究竟能占何种程度的上风则取决于离场机制。

图 27-3 也显示了一根初始卖出长钉线，但这里与前面的例子存在一些区别。首先，我们看到了一个很大的向上开盘跳空缺口。由于市场希望交易最大化，它就会想要回补缺口，因为所有处于缺口之间的价位都存在着交易意向。因而我们看到了卖出长钉线，然后看到回测失败，之后又看到市场回

> 由于市场希望交易最大化，它就会想要回补缺口。

补了缺口。一切如常。然后我们看到在低点出现两根长钉线。这些都是买入长钉线并且预示着上涨，正如我们之后所看到的，虽然上涨幅度不是很大，但仍然算是一次上涨。

在那些日子里我是这么进行交易的。在7月7日，我对形势感到非常满意。我已在5800点和5850点位处卖出了认购期权，而期货指数现在处于6090点的高位。我已经全面地进行了对冲并且期待在离到期日不到两个星期的时间里获得一笔可观的利润（15%或更多）。

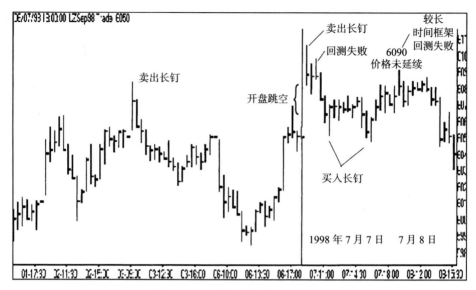

图 27-3　富时指数期货 30 分钟图

　　在持有这种头寸的情况下，我通常很少再进行交易。我找不到理由需要再去捣鼓看上去情况良好的头寸。因此，我不去理会 7 月 7 日出现那根初始卖出长钉线，因为在那一刻市场依旧清晰地显示向上运动趋势，这符合我的头寸方向。但一旦看到了回测失败信号，我就立刻开始比较谨慎地关注自己的头寸。也许我应该每天晚上对所有市场情况进行一次整体性的回顾，事实上我推荐这么做，但我喜欢等到市场告诉我应该谨慎关注头寸时我才会去谨慎关注。那根卖出长钉线给予了我这样的信息。图 27-4 显示了现货市场中的 30 分钟价格运动，你可以从中看出我是如何数出五浪上涨的。好吧，这就是艾略特理论而我无法摆脱它的影响（参见附录 E）。这甚至算不上是一个非常好的数浪结果，但它引起了我的关注。而且，在 7 月 9 日还存在着利率上涨的可能性。当我已经全面地进行了对冲时，我总是觉得急剧的下跌可能会非常痛苦。我不仅会在期货上亏钱，而且也会

在为了平衡认购期权而卖出的认沽期权上亏钱。因此我决定最好还是采取
某些措施，这样的话即使出现急剧下跌，我也能够在一定程度上领先别人
一步。我这么说的意思是，如果我想解除对冲，是自己主动确定时间去
做，而不是被迫这么去做。

图 27-4　富时 100 指数 30 分钟线图

　　这里涉及心态问题。我常常发现自己不愿意交易，即使头寸按照当时
的情况看起来很不错，并且由于我的对冲通常会亏钱，所以我不喜欢进行
对冲，除非不得不这样做。但我认为这是一种错误的态度，最好还是将这
样的情形视为有意思的挑战。要保持积极态度并且在信号出现时主动接受
它们，这才是比较明智的做法。金融交易金字塔中是否应该再增添"积极
态度"这一层？实际上，你可能会发现这种方式有助于对你自己的金字塔
进行个性化完善。在使用金字塔模型时，不需要过于墨守成规。然而我不
赞成你去掉已经有的任何一层！

在错过了开盘信号之后，我并不会因这类事情而过于自责，这样的情况总会发生，而我会在后续的反弹显得疲软无力时做空。因此，我会在第二根买入长钉线出现时做空，我比较喜欢这样做，否则我可能已在先前的低点做空。在对冲时我会在高点之上和低点之下设置许多止损位。我常常在当天低点卖出并且在当天高点买入。我猜想这种策略众所周知！但这无关紧要，该交易策略仍旧有效。

然后我在收盘出现反弹之时离场，亏损了 13 个点。这个结果不错，我手头通过运用期权策略大约还有 700 个点的账面利润，很高兴在继续保留原有头寸的情况下只亏损了 13 个点。交易过程中总是会有一些损耗。对于富时指数而言，每个点价值 10 英镑。

第二天，7 月 8 日（仍旧参见图 27-3），我更加警惕并且随时准备抢占机会。当我看到初始卖出长钉线（标示为"价格未延续"的那根）时，我在 6080 点处做空，当时长钉线的最高点是 6090 点。换言之，6090 点是我做空头寸的参考点，使用固定的参考点（通常长钉线顶端较为合适）总是比较靠谱。价格在那根长钉线的高度继续维持着，我在 6043 点的位置上又卖出一份合约，并在当天最低点的下方设置了止损位。不过下跌没有继续扩大，而且美国市场看起来也状况良好。于是我在 6042 点处结清了一份合约以使得自己只保留一份空头合约。但之后美国市场状况变得更好，英国市场也反弹了不少，因此我在 6050 点的位置兑现了另一份合约的利润。我赚了大约 30 个点而原有的头寸仍旧保留着。因此，通过足足一整天的工作，我手头仍旧掌握着 700 个点的账面利润！在第 28 章里，我将详细介绍一场完整的期权交易竞赛。

图 27-5 显示了英国国债市场的 30 分钟价格线走势图，我已经在图表

中将一些关键信号标注了出来。标注数字（1）、（2）和（3）的价格线都是回测失败信号，我认为它们一目了然。后续的价格线下探去测试低点，但没能成功突破，之后形成了反弹。当然，这些信号并不总是有效的，尽管在这张图上我看不到伪信号。标注数字（4）的价格线是发生在盘中而非开盘时的买入长钉线的例子。这根线仅仅在那一刻确认了上涨趋势（非常短期），但由于价格运动速度原因它并不是真正适合交易的价格运动。我这么说是因为进场点和参考点（或者止损位）之间的距离可能会变得太大，使得从资金管理角度来讲该交易机会变得不可接受。当然，最终可接受与否取决于你的资金管理系统。

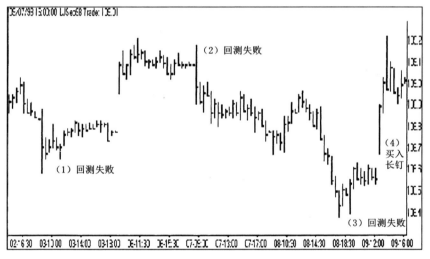

图 27-5　英国国债期货 30 分钟线图

图 27-6 显示了标准普尔 500 现货市场中的 30 分钟价格线走势图。图中描绘了艾略特数浪结果。我喜欢用艾略特理论观察现货市场（基本上只限于观察现货市场）而非期货市场。原因是期货市场往往会放大价格运动，我发现比较精确的规则常常会失效。例如，图 27-6 显示出这五浪是

从 7 月 8 日的 1166.09 点顶峰开始下跌的。当时我正对此进行密切观察，因为我的富时指数期权头寸正处于比较棘手的点位，我感觉这五浪的下跌幅度可能会比较大。这意味着有两种可能。第一种可能，这次下跌已经基本结束，或者可能已经结束。因此，我当时考虑在此关键时刻买入标准普尔或道琼斯指数期货。图 27-7 显示了我对道琼斯指数期货的交易行为。第二种可能，我们将仅仅看到一次调整性的反弹，之后紧接着会出现进一步的下跌，但这次反弹仍旧是非常值得介入的。因此，我密切关注着买入信号的出现。这五浪的下跌本身也是引人注目的，因为它符合了两条艾略特波浪理论最基本的规则。第一条规则是：在通常情况下，第 3 浪不是最短的，事实上它是最长的。第二条规则是：第 4 浪没有上升到第 1 浪的最低点之上。不过这条规则在期货市场中遇到类似情形常常会失效。

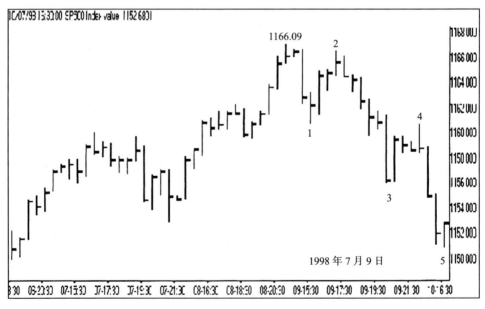

图 27-6　标准普尔 500 现货市场 30 分钟线图

图 27-7 道琼斯指数期货 30 分钟线图

对艾略特理论感兴趣（通常我并不推荐研究艾略特理论）的读者可能也喜欢研究图 27-8。你将注意到从 1997 年 10 月下旬的最低点（在那里正好是一根形态很好的长钉线的低点）开始有一次较大规模的五浪上涨过程。其中较大的第 5 浪自身又可以细分为 5 个子浪，该浪开始于 1998 年 5 月下旬（最低点标注为 "4"）。最后第 5 浪中的第 3 子浪可能已经结束，因此图 27-6 中所示的五浪下跌可能正在发出第 4 子浪即将来临的信号（在最后第 5 子浪之前）。的确，上述一切听起来让人有点晕头转向，但对于交易而言可能还是有帮助的。基本上，它意味着我们可能处于一个重要转折点附近，预示着在 7 月下旬或 8 月上旬左右会出现一个重要的价格顶峰，之后紧接着会出现急剧的下跌。我之所以这么说是因为它是一个重要的讯号，虽然等到本书出版时市场究竟发生了什么都已一目了然，但我保证不会骗你们！结果，我们在 1998 年 7 月的确看到了一个重要的价格顶峰。毕竟本书中所提及的所有信号都只可能在部分时候有效，这是每个交易者必须学会的重要经验教训之一。犯错并不丢脸，交易者必须对此要有心理准备。技术分析师专门只做分析，因此对他们来说情况可能就不同了。我并不是说技术分析师除了犯错之外不会做其他事情，而是他们只分析市场但不做交易。依我看来，对交易者来说分析技术在交易游戏中的重要性大约只占 5% 的比例。

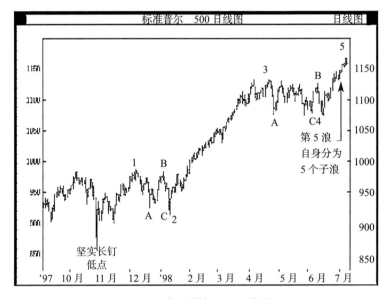

图 27-8　标准普尔 500 日线图

我们可以把交易者的经验与走钢丝者的经验相类比。我过去曾经认为走钢丝者学会了如何保持平衡，但事实并非如此。走钢丝者是学会了与不平衡相处。同样，交易者不要奢望能够消除风险，而是必须学会与风险相处。同样的道理，我感觉生活本身也很少能够提供稳定和安全。我们必须学会与不稳定和不安全相处，并且这是多么应该去做到的事情啊！

交易者不要奢望能够消除风险，而是必须学会与风险相处。

第四部分

THE WAY TO TRADE

一场期权交易竞赛

| 第28章 |

消　耗　战

本章概述了我于 1998 年 4 月 3 日～4 月 16 日参加的一场伦敦富时指数期权和期货市场交易竞赛。在不到两个星期的时间里，我交易的资金获得了 4% 的收益。我的基准目标是每个月赚 4%，这意味着每年赚 60%。我认为这是一个非常值得努力的目标，如果每年 60%，那么 5 年的时间就意味着可以得到超过 900% 的净收益（参见表 28-1）。

表 28-1　10 年内增长率

年度增长率	10%	30%	60%	100%
初始值	1	1	1	1
1 年后	1.10	1.30	1.60	2.00
2	1.21	1.69	2.56	4.00
3	1.33	2.20	4.10	8.00
4	1.46	2.86	6.55	16.00
5	1.61	3.71	10.49	32.00
6	1.77	4.83	16.78	64.00
7	1.95	6.27	26.84	128.00
8	2.14	8.16	42.95	256.00
9	2.36	10.60	68.72	512.00

（续）

年度增长率	10%	30%	60%	100%
10	2.59	13.79	109.95	1 024.00
总增长				
5 年后	61%	271%	949%	3 100%
10 年后	159%	1 279%	10 895%	102 300%
10 000 英镑				
5 年后	16 100	37 100	104 900	320 000
10 年后	25 900	137 900	1 099 500	10 240 000

　　起初在得出这个计算结果时，我认为必定是算错了。每年增长 60%，怎么可能只要 5 年就增长 949%？但事实就是如此。如果每年获得 100%的收益，那么 5 年就能实现 3100%的收益，这就是复利的力量。当你可以稳定持续地获得交易利润时，你将赋予自己这种超凡的力量。我认为卖出期权是实现这种增长的最佳途径之一。

　　请看表 28-1 中的数据。

　　实现每年 50%以上的收益和实现 50%以下的收益，这两者之间将产生明显的区别。我不知道还有其他市场可以在稳定持续的情况下提供这么高的回报。正因为这种盈利可能性，使得成为期货或者期权交易高手是一件值得努力的事情。

　　事实上，这类回报可以在没有过度风险的情况下取得。如果你确实在本书中无法得到其他任何教益，我希望你记住一条，从根本上来说你必须将风险最小化才能胜出。低风险交易机会是你需要考虑的唯一类型。任何持有高风险头寸的人最终都将亏损，非常可能亏损掉一切。在我早期的交易生涯中，我已有过这样的亲身经历，并且我知道其他许多人也都有同样的经历。

　　因此，让我们来看一看我在不到两周的时间里取得 4%收益过程中所承担的风险类型。我将使用概数 50 000 英镑（当时相当于 80 000 美元）的资金来说明头寸操作情况。在使用这种规模资金的情况下，我把自己的交易数量限定在 5 份富时指数期权以内。每份期权的每个点价值 10 英镑，由伦敦国际金融期货所规定的保证金要求是每份合约的初始保证金大约在 2000 ~ 3000 英镑。因此，我交易 5 份合约最多需要交易所规定的初始保证金额度 5 倍的资金。但交易所想让成交量最大化，所以保证金要求的设定远低于任何谨慎交易者认为符合实际的额度。如果你正在用"保证金"进行全额交易，那么毫无疑问你是过度交易了。

现在让我们通过逐笔的交易记录来回顾整个竞赛过程。我称该竞赛为"消耗战"是因为随着每一天的时光流逝，期权中的时间价值也逐渐消耗殆尽。但是由于我被迫对冲，利润可能也会受到侵蚀。对冲头寸不是根据"低风险"交易机会建立的，而且通常导致亏损。当时间价值流失的速度比我因对冲而流失利润的速度更快时，我将能够盈利。

由于以上因素，我选择在自己认为最适宜的时机卖出期权。在当前（1998 年下半年）情况下，这个时机在离到期日大约还剩下两周的时间点上。但这种时机是在不断发生变化的。我可以在这样的时间点上从虚值期权中得到大约 60 ~ 90 个点的权利金，当然这也会受隐含波动率以及其他因素的影响而发生变化。图 28-1 显示了竞赛期间富时 100 指数的日线图走势。

图 28-2 和图 28-3 显示了在 1998 年 4 月 3 日那天我建立头寸时的 30 分钟线图走势。在富时指数现货市场上，我们看到一个对前期高点 6105.8 点（于 1998 年 3 月 20 日创下）的回测失败信号，其在 4 月 3 日达到 6105.3 点的高点。该图显示，市场对试图测试前期高点的价格运动做出

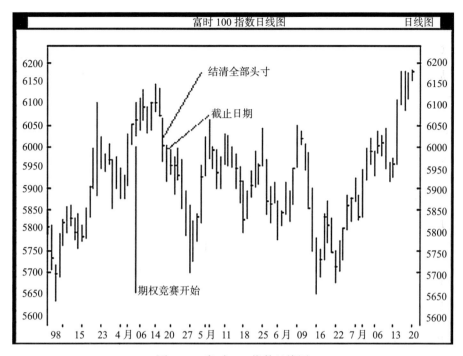

图 28-1　富时 100 指数日线图

了一个非常明确的卖出反应。我将它作为一个卖出信号，及时卖出 2 份行权价为 6150 点的认购期权（虚值超过 50 个点），获得 61 个点的权利金。这里还有另外一点，我通常会试探性地建立头寸，一开始先建一半的仓位。由于美国市场也表现糟糕，英国市场出现更加剧烈的下跌。于是我又卖出了另外 3 份行权价为 6100 点的认购期权（虚值仍旧在 50 个点左右），获得了 65 个点的权利金。

在那时，我已有效地建立了一个完整的空头头寸并已收取了 3000 英镑左右的权利金（占 50 000 英镑总交易资金的 6%）。

如果该头寸方向百分之百正确，我将坐收渔利，并且可能会在较低价位上出现合适的买入信号时卖出一些认沽期权。

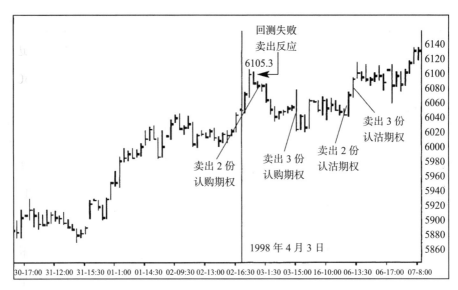

图 28-2　富时 100 指数 30 分钟线图

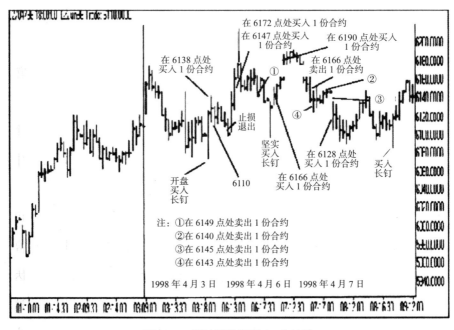

图 28-3　富时指数期货 30 分钟线

但事实并不如我所愿。实际上富时指数在收盘时出现上涨并且我开始担心之前的卖出信号只是一个短期有效的信号，我应该建立对称头寸进行对冲。于是，我卖出了 2 份行权价为 6000 点的认沽期权（虚值也在 50 个点左右）进行有限程度的对冲，并获得了 64 个点的权利金。

这时，我已不需要对任何头寸进行对冲，而且我已经收到了超过4000 英镑的权利金。如此一来，我收到的权利金已能够"覆盖"下至5800 点、上到 6200 点的价格区间波动了。当天富时指数收盘于 6064 点，我对所持头寸感到非常安心。

当我说"覆盖"这个词时，指的是到期日那天如果指数处于该价格区间之内，那么我将能够盈利，但如果指数超出了该价格区间，那么我将会有一定的亏损——我的对冲策略将降低这样的风险。头寸如果在到期日那天介于 6000 点与 6100 点之间，那么我将得到大约 4000 英镑的最大利润（即超过 8% 的利润）。

星期一早晨，期货市场以一根势头强劲的买入长钉线开盘（参见第 20章），我感觉这是一个很好的迹象，它表明价格趋势将继续向上发展。因此我又卖出了 3 份行权价为 6000 点的认沽期权（虚值依旧在大约 50 个点左右），获得了 60 个点的权利金。你可以从图上看到，尽管期货市场中出现了这样的价格长钉线，但现金市场中却非常平静。

我现在大约到手了 6000 英镑（12% 的利润）的权利金，消耗战可以开始了。此刻，我开始运用"25 规则"，这意味着我通常在市场价格高于行权价 25 点时对冲期权头寸。当时的头寸状况有一点点让人心烦，因为期货交易价格存在超过 50 个点的溢价，这恰好等于"公允"价值。这就产生了一个问题，因为一方面我关注于能够尽量多地保留利润，另一方面我还想尽量久地避免交易。

这需要某种程度的谨慎判断。我觉得，对冲操作起来之所以很困难，是因为这样的交易常常是"被迫"的。在某些时刻我尚未决定好应该如何去做，但最终不得不对市场价格运动做出反应。我常常为做出"糟糕"的交易决定感到有些自责，但我认为最好还是为自己能够取得最终的胜利而感到高兴。实际上，这是我想在本章强调的另一个重要观点。亏损是交易过程中的重要组成部分，你必须接受这样一个事实：每一种交易策略都会有缺陷（或者产生资金缩水）。要学会接受这些并且为自己取得好的结果而感到高兴。在对冲的情况下，我常常面临难以抉择的境况。毫不意外的是，用来实现对冲策略的那部分头寸常常会造成亏损，但总体头寸是盈利的。关键在于需要行动时就应当做出行动，你不能失去对头寸的控制。

因此，我在前面提到了 4 月 6 日（参见图 28-3）期货市场上出现一根势头强劲的买入长钉线，于是我卖出了认沽期权。在那一刻，我不需要买入期权，因为价格尚未达到高出行权价 25 个点之上的位置。这给我在交易形式方面带来了另外一个棘手的问题，它使我无法专注于单向交易。假如期权交易使我得到较为稳定持续的收益，那么关系也不是太大，而且我觉得这也是一个不必在意的因素。如果你最终赚到了钱，那么就应该庆贺一番。

不管怎么说，期货价格继续上涨，最后我在 6138 点的价位上买入了一份合约。富时指数的期货合约也是每个点等于 10 英镑（尽管之前是每个点等于 25 英镑）。这是一个我在通常情况下（即不采取对冲策略时）不会进行交易的例子。市场攀升到更高的点位之后开始下跌。我看到在 6110 点的低点之后出现了一个非常不错的反弹（参见图 28-3），于是我在

6110 点下方设置了止损。我及时地在这个点位上离场，并且在第一次对冲中亏损了 300 英镑。目前为止一切正常。

我的"战争经费"还有 5700 英镑，并且离期权到期只剩下 8 个交易日（除掉复活节假期 2 天）。

之后市场再次向上急涨，我在 6147 点买入 1 份合约，在 6172 点又买入第二份合约。但市场在收盘时出现下跌，于是我在 6149 点处卖出了其中 1 份合约。在这里，有一点很重要，我起初是致力于做空的，这决定了我对该市场的做空倾向，当然最好是能够保持中立。

第二天（4 月 7 日）市场以较低价开盘，然后再次向上急涨。起初我没有采取任何行动，之后当市场继续上涨时我开始买入更多的期货合约。我在 6166 点处买入 1 份合约，在 6190 点处又买入 1 份合约。当天的市场最高点到达 6196 点，之后又出现一次猛烈的回调。我分别在 6166 点、6143 点和 6140 点处卖出了前面的 3 份合约。在那时，我已进行了对冲并在损失了大约 1150 英镑的情况下结清了全部对冲头寸。我在两天之内损失了 20% 左右已到手的现金。还剩下 6 天时间，而资金消耗开始大幅增加，但这也是正常情况。市场总是以这种方式试探前进，进行对冲的代价是高昂的。我的交易可能看上去并不出彩，但这些都是该策略的必要组成部分。我宁愿进行过多的对冲，也不愿意冒因为市场背离我的头寸方向而遭受大额亏损的风险。

那天，我运用自己的"隔夜持仓专家"交易系统并在收盘时于 6145 点处卖出 1 份合约。

第二天（4 月 8 日）市场以更低价开盘，但也不是大幅低开，之后我们可以看到对先前低点的一次回测失败。我在 6128 点处兑现了利润，重新拿回了几个点的利润！那个交易日是我讨厌的类型，市场似乎想闹一点动静但什么也没发生。我又买入了 3 份合约，两份在 6117 点处，一份在 6126 点处。我及时地在 6093 点、6101 点和 6106 点处全部卖出了这 3 份合约，手头又少了 600 英镑。但我最初的卖出期权收入仍旧还有大约4400 英镑，还剩下 5 天时间，"战争经费"仍旧相当充足。

第二天（4 月 9 日）是复活节周末长假前的最后一个交易日。当天以一根势头强劲的买入长钉线开盘，并且还可以看到一次明显的上涨，到达了 6160 点的高点。我在 6156 点处买入 1 份合约，在 6128 点处止损离场。之后市场再次反弹，我又在 6124 点处买入 1 份合约，并且又在接近收盘时在 6148 点处买入 1 份合约（再次运用"隔夜持仓专家"交易系统）。因此，我持有 2 份多头合约度过周末。

富时指数在 4 月 14 日星期二再次开盘，并顺利地涨到 6207 点的高点。我在 6182 点处又买入了 1 份合约。比较重要的一点是，我可以在此刻花费 9 个点左右的费用来结清 5 份认沽期权头寸。当结清头寸的费用大约接近 10 个或 15 个点时，我总是会选择结清自己的期权头寸，因为它表示继续持仓风险较大并且对这样的价格进行对冲已没有太大意义。这么做总是比较合算的，上述情形就属于这种情况。

4 月 14 日是非常有意思的一个交易日（参见图 28-4）。我们看到一次非常清晰的、对 6 207 点高点的回测失败。这是一个极佳的卖出信号，不仅仅是因为市场下跌，还因为它的形态。这显示了我在期权竞赛过程中面临的一个问题。解除对冲头寸将损害到我在卖出期权方面获得的利润，虽然它在交易单向期货头寸方面将带来更多的利润。但我首要的动机是：作为一名资金经理，我要为自己的客户带来他们所希望的每月大约 2%～4%

的稳定持续的盈利率。基于这个前提，我往往选择坚持执行期权策略，除非在十分特殊的情况下我才会改用其他策略。

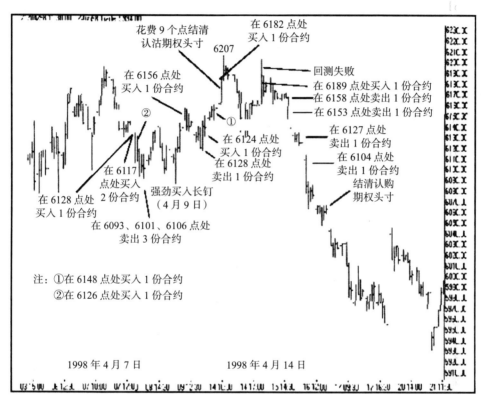

图 28-4　富时指数期货 30 分钟线图

因此，我对上述卖出信号没有采取任何行动，但当市场继续下跌至6153 点处时，我卖出了 1 份合约。

第二天市场急剧下跌（谢天谢地，我已经结清了那些认沽期权头寸！谢天谢地，我遵守了自己的交易规则），我在 4 月 15 日的 6158 点和 6127点处以及 4 月 16 日的 6104 点处结清了所有的期货头寸。在那一刻，我在期货市场上已损失了大约 2800 英镑，约等于我先前卖出期权而到手的一半现金。

随着4月16日（星期四）市场的继续下跌，我成功地结清了所有的认购期权头寸。我用每份7个点的费用结清了2份行权价为6150点的认购期权头寸，用每份16个点的费用结清了3份行权价为6100点的认购期权头寸。在通常情况下，不需要花费这么多钱结清像6100点那样的头寸，但为了避免交易至到期日，这样的代价算是非常小的。在这段时间的英国市场中，到期日的价格波动性特别大。在3月的富时指数期权到期那天（尽管3月期权也连同3月期货一起到期），3月的富时指数现货市场在5分钟内的波动幅度超过了200点（相当于道琼斯现货市场上相似幅度的波动）。为了进行比较，图28-5显示了这段时期里现货市场的30分钟价格线走势。

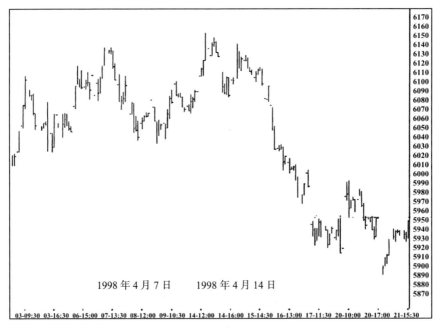

图 28-5　富时 100 指数 30 分钟线

在结清所有期权头寸的过程中，包括交易佣金在内我总共花费了大约 1200 英镑的费用。这笔费用再加上我在期货方面亏损的 2800 英镑，总共大约 4000 英镑的现金支出。因此，我在两个星期内保住了 2000 英镑的利润，相当于我所交易的 50 000 英镑总资金的 4%，这是一个了不起的结果。

结　语

　　1998 年 8 月和 9 月，全球市场都出现了急剧下跌。在此期间，使我印象非常深刻的是看到了许许多多类似"为驴安尾"[⊖]的举动，或者更确切地说，是将暴跌原因归因于新闻事件的举动——这些有争议的新闻出现在市场快速下跌过程中。报社媒体可以举出足够多的例子：美国总统克林顿的性丑闻、俄罗斯的债务违约、亚洲金融风暴，以及其他许许多多真实或者想象出来的问题。当然，真正的原因却没有人注意到。真正的原因是之前的上涨，是这个原因导致了后来的下跌，其他都只是次要原因而已。其他一些因素可能只是起到催化作用，仅此而已。如果市场一开始没有涨得太高，它就不会如此快速地下跌。鉴于此，我们必须承认艾伦·格林斯潘对此是负有责任的，至少他设法这么做。但正如克努特王[⊜]和海浪的关系，市场涨得过高是不可避免的——就像它在未来某个时刻必将跌得过低

　　⊖　"为驴安尾"是一种西方小孩子玩的团体游戏，通常在墙面贴上没有尾巴的纸驴，然后游戏者在远处蒙上眼睛手持纸尾巴靠近纸驴，谁把纸尾巴安得最到位谁就获胜。在此处作者表达瞎蒙之意。——译者注

　　⊜　诺曼人征服时代的西北欧霸主，为英格兰国王（1014～1035 年在位）、丹麦国王（1018～1035年在位）、挪威国王（1028～1035 年在位）。曾有佞臣谄媚克努特王，说他是海洋的统治者，连海洋也会听其命令。克努特王不信，下令将椅子放在海边，命令海水不准打湿椅脚，结果海水照样涌上来，于是克努特王严厉地申斥了佞臣的胡说。——译者注

一样。只要我们运用自由市场机制，这些事情都是不可避免的，难道还有别的选择吗？

　　事实上，市场得不到公平申诉自身清白的机会。以马来西亚的吉隆坡为例，访问吉隆坡市场并且视其为自由市场取得成功的明证，同时了解到自由市场运作良好时吉隆坡当局为之感到欣喜，这整个过程相当具有喜剧色彩。然而一旦发生了变化，所有事情都发生变化，自由市场如今就成为他们心目中的"敌人"了。这是不正确的。盛极必衰、否极泰来的轮回是人事变迁的趋势，它是不可抗拒的。马来西亚，也许是全世界，将会在试图避免前期成功所带来的自然后果过程中付出代价。如果其他国家也采取类似的政策，整个世界都将付出代价。市场保护主义尝试这么做，但失败了。它只是对抑制交易有作用并且使所有人都得到的更少，而这种尴尬状况恰恰是这些措施一开始试图想要避免的。

　　我写这篇结语的目的，是提供一种能够更真实地理解市场如何运作的认知。同时，我也想谈谈我的经济黑洞理论（the theory of economic black holes），并阐述一些对自由市场的想法。也许首先需要指出的一点是，市场是不公平的，其他所有一切都根源于该事实。让我们举一个关于购买汽车的简单例子。如果你来到产品展示厅，看到一辆漂亮炫丽的汽车，并且你最终花了很多钱买了下来。一旦你走出店门，车价可能已经下跌了 10%或者更多。如果你因其他原因被迫在 24 小时内出售这辆车，你可能会亏损 50% 甚至更多。是的，一辆汽车就是通过巧妙的市场营销手段卖给我们并且我们已做好亏钱心理准备的一件商品，是一件具有使用价值的物品。而金融市场与之不同，不是吗？既是又不是。上述购车行为产生的相似结果也完全可能出现在金融市场中，事实上许多期权由于买卖价差会立即让买家损失 10%。这样的期权可能在几天之后因到期而变得一文不值。这公平吗？既公平也不公平。如果你知道将会发生什么，那么它就是公平的，因为你能理解将要发生的事情。但如果从其他眼光来看，它可能被认为是极其不公平的，尤其当你所预期的是截然不同的结果时。因此这完全是一个认知问题，但很少有人准备承认自身认知存在缺陷的可能性。有些投资者可能会感到，在情绪高涨时买入事后看来明显估价过高的某只股票是一笔非常不公平的交易，但这就是大多数投资者一直在做的事情。它是公平的，因为价格由市场决定；它也是不公平的，因为价格超出价值过多。这样的投资者可能会在市场出现像 9、10 月份这样的恐慌性抛售时受情绪驱使而卖出股票，并且蒙受大额损失。这公平吗？从某种角度说是公平的，从其他角度说是不公平的。

市场

从根本上而言，市场是一种服务于某个特定目标的工具，它在实现目标过程中受制于群体的情绪。这既引发了问题也提供了机遇。如果市场正沿着"正确"的方向运行，除了那些因考虑估价过高决心做空而选错方向的人之外，其他所有人都会开心。你可能会出现怎样的误判呢？这并不是关于市场如何运作的问题，但也是个问题。

因此，正如生活中的每一件事物那样，在你利用某事物之前理解其如何运作是很重要的。但非常少的人能够做到真正理解市场，而当它不能按照预期那样运作时他们就开始大喊"狼来了"。这就是 1998 年马来西亚所做的事情。

有别的选择吗？我怀疑没有。你如何阻止有些人愿意对某些东西付过多的钱？如果他们想这么做，你如何能够坚决要求那些卖家赚得少一些？你无法做到的。我相信在通常情况下自由市场是获取自由的一个必要条件。很少有人会对自由概念本身有疑义，但自由有同样的缺点。拥有自由也就意味着你拥有惹麻烦的自由。市场就是其中一个方面。

当市场在上涨时你总会感到获益匪浅和心情愉快，但在下跌时就感觉不太妙了。但你对此无能为力，无法只得到好处却不要坏处。唯一的自我保护措施就是去理解相关的方方面面然后据此行动。

如同生活中的大多数事情那样，市场机制是不公平的，至少当你的心态转变为"输家"模式时。赢家是不在乎的，他们出手就能获胜，不管怎样！但为什么市场价格会移动到那些极端价位？为什么投资者愿意多付许多钱买入而以低价卖出呢？答案是这些都受到某种力量的驱使，而且这种力量不只是情绪力量，虽然情绪也起到一部分作用。简单来说，市场产生强烈的情感并且提供证据来表明这些情感是真实的。因此你会用高价买入一只股票，然后又眼看它价格翻了一倍。一开始出很高价钱买入的决定，可能在很大程度上是一个情绪化的决定，但事后来看，它明显是一个深思熟虑的决定，不是吗？事实上并非如此。你只是很运气地处在未结束的狂热之中，而这样的狂热会造就出最白痴的天才。实际上，是最狂热的牛市使得那些分析师出人头地。

经济黑洞

这恰恰启发我提出经济黑洞理论。该理论的基本要点是，当狂热高涨时你必须假设其在正常情况下将趋向于自我毁灭。因此，为了竞买股票、不动产和其他类似的资产，你最终将以过高的价格获得这些东西。如果你没有出过高的价格，就无法参与进去，因为你买不到任何东西。这意味着，当反转来临时（这是不可避免的），你将被套牢在困境之中，因为你做出的假设不再有意义——它已成为现实。因此，当反转势头高涨时，越来越多的黑洞将显露出来，随之的坍塌将导致问题进一步加剧。日本是说明上述情况的一个特别恰当的例子，其股票市场因普遍的交叉持股而加剧了问题，因为当市场下跌时，这些集团公司股权的亏损削弱了关联公司的偿付能力。大部分企业似乎都出现了这样的情况。

银行贷款也是同样的问题。一旦估价变得不切实际，那么借出去的贷款能否收回就变得有疑问了。偿还债务的途径只有三种。第一，事实上可以被偿还，但在这种情形下这是最不可能发生的事情。第二，借款人可能会违约，如同俄罗斯那样的例子。违约也发生在借款人破产的情况下，这相当普遍并且可能会变得更加普遍。第三，一个国家可以通过通货膨胀来解决这个问题，这样它只需要用不值钱的货币来偿还债务。一旦我们陷入了通货紧缩的状况——我们现在可能正处于这样的状况中（某篇新闻报道声称，自 1998 年 7 月的市场顶峰以来，一度有 2 万亿英镑的财富蒸发殆尽）——使用这个方法就变得很困难。设法通过通货膨胀来解决债务的行为也可能随着钱变得越来越不值钱而使经济体系变得摇摇欲坠，正如 20 世纪 20 年代在德国和 1998 年在俄罗斯出现的情况那样。上述结果增强了通货紧缩，国家试图保护自己免于整体萧条的举措反而使整体结果进一步恶化。这是一个大问题。但严格来说它实际上不算是一个问题，它只不过是对前期增长的一种单纯的反作用，或者更准确地说是对努力维持前期增长所采取措施的一种单纯的反作用。当投机金融和国际市场交易变得越来越普遍时，一轮经济增长周期也就变得越来越接近顶

峰了。由于采取了越来越多的人为刺激以继续维持之前增长的走势（情况
有点像给经济服用"伟哥"），那么当经济下行时，所有这些支持措施都
将被发现是无法奏效的，这也是我的经济黑洞理论的观点之一。对于这一
切而言，让人非常忧虑的是，你最终只能和越来越多的人争夺剩下来的那
么一点点残羹冷炙。当有足够的东西时，我们会发现每个人都相对比较开
心。人们分享得越多，通常也就越和谐。也许爱尔兰和平进程就是这样的
一个例子。当形势变得紧张起来时，情况就会改变，有时可能会发生戏剧
性的改变。当我在前面说"争夺"这个词时，我指的就是这个意思。第二
次世界大战可以说是根源于 20 世纪 20 年代德国的恶性通货膨胀。我们
已经播下了类似的种子。俄罗斯可能朝着同样的路在前进，并且我可以看
到战争正变成非常现实的可能。这不是一个预言，这种事情并非是不可避
免的，至少我相信是可以避免的，但它也是非常有可能发生的。最近我在
希腊的时候，我在看欧洲地图时注意到塞尔维亚朝向着北方（地理学并非
我的强项）。我难以相信欧洲允许像巴尔干战争这样的战争暴行发生在其
心脏地带。很明显，侵犯国家主权是主要问题，同时还存在着许多其他实
际问题。但如果我们不从根源上解决这些事情，它们可能会萌发并蔓延到
更广阔的地域。我的军事知识同地理知识一样糟糕，我曾认为，至少对于
西欧而言，当前的塞尔维亚和俄罗斯并不构成主要问题，但情况可能已发
生了改变。1991 年针对伊拉克的战争虽然赢得相当容易，但向这么小的
国家开战还是需要下重大决心的。如果许多这样的国家下定决心选择联
合起来对抗，那么情况就会大不相同。当前的经济形势很容易引发这类
事情。

美国长期资本管理公司

话题再回到市场，我之前说过情绪是市场的组成部分，但驱使市场的力量并非只有情绪而已。鉴于所看到的上涨程度，也许我们应该从潘多拉摇滚乐队[e]那里借用一个词：超速行驶！我认为美国长期资本管理公司（Long-Term Capital Management，LTCM）的惨败经历为我们提供了一个非常好的例子，因为通过该例子可以证明不少有益的观点。该公司的基金明显进行了过度交易。50：1的杠杆率其实就是在自找麻烦，并且必然在某些时候引发问题。真是令人难以置信，这些所谓的专家竟然会犯如此低级的错误。我从《股市潜行者》（*Stock Market Stalker*）的作者理查德·冯·格岑（Richard von Goetzen，他同时也是一家对冲基金公司经理）那里了解到，LTCM的计算机模型只使用了牛市时的市场数据。好吧，即使是笨蛋都应该想到熊市时的市场数据可以帮助提供一些合理判断。因此LTCM发生意外是迟早的事情，但我发现相关银行做出的反应更有意思。首先，LTCM在1997年偿还了大量的借贷资金，许多银行对此流露出强烈的、毫不掩饰的抱怨态度，尽管现在这些得到偿还款的银行都感到非常庆幸。LTCM之所以偿还这些钱是因为市场形势正变得日益严峻，它把这笔钱投入在市场中遇到了麻烦（或许它本应该降低杠杆率），然后遭遇到了计算机模型未能预测的问题。来自全天候策略基金（AllWeather）的一份报告指出，像LTCM所采用的策略，如果数据非相关性保持在3个标准差范围内，那么它将会运作良好，可是8月的数据非相关性却达到了5个标准差以上。如果你起初就只使用有限的数据，那么你的标准差从一开始就是人为偏小的。

⊖ 该乐队是一支于20世纪90年代在美国异军突起的重金属摇滚乐队，以凶狠的音乐和肆无忌惮的生活方式而著称。——译者注

　　无论如何，LTCM存在着某个问题，而那些投资的银行也存在着某个问题。它们是否提供了更多的现金或者是否截断了亏损呢？这就是驱使力量产生的地方。其中有些银行实际上无法承受所涉及的亏损。相关银行有些雇员可能担心如果那一刻就核销亏损的话自己会丢掉工作。有些银行的相关个人据说还对LTCM有个人投资，因此银行给予后续支持将有利于保护他们明确的既得利益。所有这些因素"驱使"银行让亏损奔跑，并驱使银行试图通过继续砸进真金白银来挽救无利可图的投资以"摊平"成本。35亿美元的赎回则是同一过程中的另一阶段。相同的因素驱使理性投资者在愚蠢的价位上买入股票，我常常在市场中买入标的证券来对冲无保护认购期权，这些交易同样是受到某种力量驱使的，虽然对我而言它们完全是短期的权宜之计。

　　后续资金所造成的影响是使得LTCM保留了那些头寸，也许它们会有转机，也许会挽回所有当下的损失，但也可能变得更加糟糕。各大银行正在进行一场赌博，如果它们连起初较小的亏损都承受不了，那么又如何能够承受更大亏损的风险呢？

结论

　　我希望这篇结语已向读者传达了我所相信的关于市场运作机制的看法。为了表明这些信念的可靠性，我只能说在市场中我尚未遇到过不符合上述信念的情况。我不知道英国股票市场现在是否将会涨到新的历史最高点，但我知道极端高位将迟早会在某一刻出现，而当市场价格开始从极端高位朝着极限低位运动时将会涌现大量的坏消息。但真正的动力存在于市场的运作方式之中，如果你理解了它，那么你在交易之路上又向前迈进了好几步。

THE WAY TO TRADE

附　　录

后 续 服 务

我在 20 世纪 80 年代后期创办了名为《技术交易员》的专业期刊，原因是在我从事交易之初，英国很难找到相关的辅助参考资料。唯一的资料源于经纪人那里，但信赖那些资料有点像是把自己的脑袋伸到狮子嘴里。你的交易做得越多，经纪人的收益就越多，意识到这一点很重要。这未必符合你的最佳利益。我并不是说所有（或者许多）经纪人都想要你过度交易，但最好能够避免这样的利益冲突。

我的基本思想以前是并且现在仍旧是，"我将能够帮助交易者做些什么？"

我列出了以下几方面的服务清单。

专业期刊：《技术交易员》每月发行两期。该专业期刊不仅仅提供市场分析，涵盖了富时指数、标准普尔指数、日经指数、美国国债、黄金和英国金边债券等诸多市场，而且更重要的是，在每一期的专业期刊中还讨论了许多影响交易的因素，尤其是交易心理和策略——我认为这是真正的价值所在。以这种方式，我将订阅者的注意力转移到了他们之前可能未曾考虑过的那些重要交易内容上。这些"路标"可能是无价的，你只需要发现其中一项是有用的就足以抵过全年的订阅费。正如哈里·舒尔茨所说，《技术交易员》实际上是免费的，因为订阅它能够收回费用成本。

热线电话：由于市场变化太快，有时甚至每周一期的专业期刊也跟不上市场节奏。因此，我设置了一条电话热线，每分钟收费 1 英镑。这可能是我向交易者提供的最有价值的服务——给予即时的交易提示和建议。这项服务也致力于提供交易策略和交易常识。我们会在上午 10 点和下午 3 点进行内容更新，再加上周六中午还有周末特别报告。这项服务在英国可以通过电话方式获取，其他国家可以通过传真或电子邮件方式获取。

研讨班：我认为参加研讨班是必要的。一天的研讨班可以让你较详细地概括出自己的交易思想，并且可以与参加者进行对话交流。到目前为止，我设立了两类研讨班：第一类是"交易者讲习班"，它旨在提供涵盖交易、技术分析和所有对成功交易而言至关重要的交易心理的导论性课程。第二类是我新开设的"低风险交易研讨班"，其课程涵盖了本书中的内容。

咨询服务：一些客户想得到更直接的联系以帮助解决市场和交易方面的问题，这项服务旨在满足他们的需求（参见第 26 章）。与出售交易系统一样，我也严格限制接受服务的客户人数，我不能因提供这项服务而影响到自己的交易。

技术分析软件：我们与 TAS 公司合作开发了"江恩理论分析师"和"TT1"软件包。"TT2"软件包整合了上述两个软件包，我自己每天使用该软件进行日常交易。我还能说什么呢？我们也能帮助提供包含市场剖面图功能的实时分析软件。

交易系统：我已经开发了一些基于书中所述原理的交易系统，并且我也与一些个人交易者合作开发了适合他们自身的交易系统。如果你想要一般性地讨论系统或者交易，可以与我联系。

资金管理服务：关于账户管理的细节请联系伯克利期货有限公司的安德鲁·伍德沃。

作者联系方式：

　　电子邮箱：john@john-piper.com。

《技术交易员》特价优惠：

　　与我联系并告知本页页码（备注：英文版原书本节页码为 240）将获得第一年订阅费打 6 折的优惠（仅适用于首次订阅者）。

受困扰的交易者

托尼·普卢默

作者按语：我在此收录托尼·普卢默的这篇文章是因为它清晰地阐明了三位一体大脑的运作方式，也阐明了不同类型的个人容易表现出来的各种可能的行为反应与倾向。这些知识对任何一位交易者来说都会被证明是无价的。我非常感谢托尼·普卢默和科根出版社（Kogan Page）许可我转载这篇文章。该文章原先刊载于几年前的国际技术分析师联合会（the International Federation of Technical Analysts，IFTA）期刊上，之后经过修订并收入托尼·普卢默的优秀著作《金融市场预测》中。

要通过金融市场交易赚钱是非常困难的。这是一个基本事实。不幸的是，将这个道理通过人际交流来传达几乎是不可能实现的，它只有通过确实的交易行为才能被领悟到。因此，只有极少数的人在进入交易竞技场时能够做到小心翼翼地关注个人心理风险和财务风险。许多人会在出现一些金额不算太大但提心吊胆的亏损之后迅速退出这场游戏。但更多的人将苦苦挣扎于平庸的交易成绩中，同时希望境遇最终得到改善。

这种情况所导致的必然结果是，真正伟大的交易者非常罕见，否则杰克·施瓦格的《金融怪杰：华尔街的顶级交易员》一书就不会成为畅销书了。那么究竟是什么构成了伟大交易者与我们普通交易者之间的分野呢？在其他人甚至无法做到连续两次盈利的情况下，有些交易者是怎么做到获取稳定丰厚的利润的呢？近些年关于这个主题的文章已经出现了不少，人们发现成功交易者与普通交易者之间只有一个方面完全不同，那就是个人心理方面。成功依赖于两个值得赞赏的品质：一是面对交易亏损时保持情绪稳定的能力；二是独立于其他人做出判断的能力。

从根本上来说，支持上述结论的原理非常简单。交易是一项充满风险和压力的工作。亏损或者眼看要到手却转而又失去的利润会引发非常强烈的负面情绪。这些情绪，尤其是在持续了较长一段时间之后，最终会导致交易者因自我保护而在心理上呈现趋同倾向。因此，作为同一群体中的交易者，在同样时间里做同样事情的情况就会增加。最终不可避免是，当反转突然发生时，大多数人都将处在非常不利的境地中。

问题就在于我们的潜意识太容易控制我们的行为了。在可测量的范围内，科学家认为有 97% 的心理活动发生在我们心灵深处的潜意识区域。这是个令人难以置信的数字，所以应当给予较多关注。从根本上而言，这意味着我们大量的当前行为由受到熟悉刺激所做出的习得性反应构成。

由此也可以推理出，我们的学习经历（尤其是在幼年时的学习经历）对我们的行为非常关键。然而，要想在后来的生活里改变我们的习得性行为模式极其困难。为什么会这样呢？部分原因似乎与大脑本身的结构有关。在 20 世纪 70 年代前期，美国神经生理学家保罗·麦克莱恩（Paul Maclean）将三位一体大脑概念引入科学思维中。他提出大脑经过数百万年的进化形成了三层式结构。大脑最里面的部分脑干源于进化到爬行动物阶段的遗传，它负责处理本能和生物欲望。大脑的中间部分边缘系统源于进化到哺乳动物阶段的遗传，它参与情绪活动。大脑最外面的部分新皮质使我们具有"人类"的特征，它参与最基本的反思过程和想象。

当然，大脑的运作过程非常复杂，但大脑的各部分无论在物理和化学方面在很大程度上都保持相互独立。因此，人类特有的问题似乎和新皮质没能与其他两个部分（即脑干与边缘系统）恰当地协调整合有关。新皮质只不过是新近才增加的部分。新皮质运用其想象能力来产生关于外在世界的内在图景，然后这种被心灵作为"现实"全盘接受的图景会触发某些情绪，这些情绪转而再引发自动反应。新皮质并不必然介入控制这些反应或者介入对外部世界的重新想象。

为了试图解释这个问题，最新的研究已将注意力聚焦到新皮质的前方部分。这个区域涉及真正的个性表达，尤其是自我意识和对他人的同情。总的来说，大脑的这个区域似乎是未被充分利用的。研究已经发现，那些易于听从别人命令的人，即那些被施催眠术的人，或者追随公认权威人物直接指示的人，以及沉浸在某个群体信仰系统中的人，他们的心理活动模式仍旧停留在大脑后方区域，因而也就是处于潜意识状态中。

换言之，真正的个性比我们所相信的要少得多。这是一个听起来难以接受的结论，但其哲学意蕴是极其深远的：首先，它证实了非理性的未经思考行为（尤其是攻击行为）在群体环境中发生的可能性要高于在个体独立行事的环境中。其次，通过推理可得出这样的结论，即逻辑思维过程的运用并不是避免非理性行为的充分条件，因为逻辑可能建立在强烈的、受群体感染的情绪基础之上。

因而，人类心智显然取决于三位一体大脑的所有三个组成部分。正如大自然中的其他系统那样，心智是一个自组织系统，它同步进行控制与协调，并由本能、情绪和思维这三项功能构成。所以，每个个体的心理由这三个区域组合构建而成。然而，有强有力的证据表明，我们每个人运用这三个区域的方式存在着非常微妙的差别。因此，我们中有一部分人被认为受直觉驱动，有一部分人被认为受情绪驱动，还有一部分人被认为受思维驱动。正是这种心理倾向可以帮助判别我们自身呈现于世界的个性本质。说某人具有何种心理倾向并不包含任何价值判断，而仅仅意味着我们每个人对某种特定动机类型具有一定倾向性。

我们更喜欢较多地使用三个心理区域中的其中一个区域，与此同时，我们也更喜欢较少地使用另外一个区域，剩下那个区域的使用频率介于上述两者之间。这种论点表明，我们或许可以根据最基本的心理区域组合来确定性格特征。我们可以用数字对各个部分进行编号，比如1代表本能，2代表情绪，3代表思维。

不过，这里还需要说明一下略微有点复杂的内容。我们本能部分的欲望可以根据它们是不是冲动性的或非冲动性的（即消极的）来进行描述。有些人的本能欲望有着非常积极的倾向，而另一些人的本能欲望显然是消极的。因此，对于潜意识中的本能部分，可以用1a表示积极本能，用1p表示消极本能。

从数学角度来说，三种特征存在12种可能的组合结果（其中特征1的1a和1p作为不同的特征分开使用）。然而，在本能区域使用频率最少的情况下，无论它在理论上是"积极"的还是"消极"的都无关紧要。此外，像 1p-2-3 和 1p-3-2 这样的组合被发现是非常相似的，因为消极本能会产生抑制作用，所以它们也可以被视为是相同的组合。这样就剩下如表 B-1 所示的 9 种组合结果。

表 B-1　基本性格类型

类型	性格	倾向
1a-2-3	冲动型 – 情绪型	介入过度
1p-2-3/1p-3-2	消极型	缺乏介入
1a-3-2	冲动型 – 思维型	介入不充分
2-1a-3	情绪型 – 冲动型	感受过于丰富
2-1p-3	情绪型 – 消极型	缺乏感受
2-3-1p	情绪型 – 思维型	感受不充分
3-2-1a	思维型 – 情绪性	行动不充分
3-1p-2	思维型 – 消极型⊖	缺乏行动
3-1a-2	思维型 – 冲动型	行动过度

　　每一种组合类型都与某种特定的性格类型相联系，而每一种性格类型都与某种特定的行为倾向相联系。在本能领域，行为倾向与介入外部世界的态度有关；在情绪领域内，行为倾向与感受有关；同时，在思维领域内，行为倾向与行动的态度有关。

　　因此，我们简要地来看一看这些组合对有些人而言表示什么。如果某人是 1a-2-3 型或者 3-2-1a 型则意味着什么？让我们先来看看那些具有"直肠肚"倾向（即本能导向）的人。

　　1a-2-3 型的人（受到冲动型 – 情绪型性格的驱使）具有过度介入外部世界的能力。在某种意义上，他们在潜意识里相信自己比世界更强大；他们可能是自信与强势的；他们喜欢组织和领导。然而，他们可能具有攻击

⊖　英文原版的表 B-1、表 B-2 及表 B-3 中此项均为"思维型 – 积极型"，对照上下文，疑原文有误，应为"思维型 – 消极型"。——译者注

性，有时候会达到具有破坏性的程度。

1p-2-3 型和 1p-3-2 型的人（真正消极的人）往往缺乏对周遭环境的介入。这样的人往往是平和与使人放心的。然而，他们可能也是慵懒和疏忽大意的。

1a-3-2 型的人（冲动型－思维型性格）所具有的介入外部世界的能力是不充分的。他们在潜意识里明白自己要比周遭环境渺小，因此回应外部世界要求时可能会遵守原则和纪律。然而，他们可能是完美主义者并且对他人常常很苛刻。

现在，我们再来看看有"随心"倾向（即情绪导向）的人，我们通过他们的情感参与方式来进行区分。

2-1a-3 型的人（情绪型－冲动型性格）感受会过于丰富。积极情绪将会得到加强，而消极情绪将受到压抑。因此，他们将是体贴与慷慨的，但也可能具有占有欲和操控欲。

2-1p-3 型的人（情绪型－消极型性格）缺乏感受能力。他们往往自信和好胜，在压力之下他们可能会是自我中心和不友善的。

2-3-1p 型的人（情绪型－思维型性格）因情绪和思维相互冲突而使得其所具有的感受能力是不充分的。他们不愿意直接表达自己的真实感受，但会使用其他方法表达自己。这些人实际上往往有艺术细胞、创造力和直觉力。然而，他们也可能会是内向和抑郁的。

最后，我们来看一下思考者（那些具有"动脑"倾向即思维导向的人），我们通过他们对待行动的态度来进行区分。

3-2-1a 型的人（思维型－情绪型性格）行动能力是不充分的。这并不奇怪，因为本能方面的作用没有得以充分发挥。这样的人对外部世界往往观察敏锐、分析细致，但他们也往往会有某种程度的偏执和多疑（尤其处在压力之下）。

3-1p-2 型的人（思维型－消极型性格）缺乏行动能力。具有这种性格的人是顺从和招人喜欢的。但他们也较依赖于别人，在压力之下可能会有自暴自弃倾向。

3-1a-2 型的人（思维型－冲动型性格）往往四处奔忙，因为他们付诸行动的能力是过度的。他们通常在拥有丰富生活经验方面取得成功，但也可能非常容易冲动，甚至会有点冲动过头。

试图给人类本性贴上精确标签无疑是危险的举动。然而，每个人可以通过一定程度的自我省察来判定自己具体的性格类型。这么做的回报是获得对个人动机的某些令人惊讶的见解。

关键在于我们每个人都可以归类到表 B-1 所示的 9 种类型中的其中一种。这就好像在出生时，我们的心灵深处被放置了一个有 9 种性格结果的轮盘赌转盘，而一颗金属滚珠在转盘周围不停地滚动。在某个阶段（通常在 5 岁之前），我们经历了从世界中成长独立出来的过程，那颗滚珠就掉进了某个特定的凹槽之中。在之后的生命里，我们的性格结构将以这个凹槽为中心来构建。具体来说，我们将总是留意某些特定的威胁，并且在发现这些威胁时做出与别人不同的自动反应。此外，这样的反应常常不为我们自己所知。如果真的意识到它，我们也会视其为某种优点，因为它在以往的生活中对我们很有用。然而，事实上它是我们最主要的缺点。

在金融市场背景下，理解这个问题绝对很重要。我们的自动反应使得我们每个人在心理上都存在一个薄弱点。金融市场将准确无误地找出这个薄弱点并相应地触发不由自主并且自我伤害的行为。我希望能够阐明这些薄弱点和可能的反应机制，这样我们就对如何改善它们迈进了一大步。

因而，下一步就是观察每个性格结构的两方面，也就是自我防卫的注意力焦点，以及对已感知威胁的可能反应模式。换言之，每类性格特征就像一套协同探测雷达和武器反应系统：它探测环境中出现的威胁，一旦识别出威胁就会做出自动反应行为。性格特征中的上述另外两个维度如表 B-2 所示。

表 B-2　性格类型和基本动机

类型	性格	注意力焦点	对威胁的反应
1a-2-3	冲动型 – 情绪型		
1p-2-3/1p-3-2	消极型	保护个人空间	攻击或退缩
1a-3-2	冲动型 – 思维型		
2-1a-3	情绪型 – 冲动型		
2-1p-3	情绪型 – 消极型	保护自我价值感	敌视或欺骗
2-3-1p	情绪型 – 思维型		
3-2-1a	思维型 – 情绪型		
3-1p-2	思维型 – 消极型	减少恐惧感	焦虑或虚伪
3-1a-2	思维型 – 冲动型		

当然，已感知的威胁可能指许多事情。例如，它可能指身体伤害方面的直接威胁，不过此处我指的是心理方面受到的威胁。当期望（源于潜意识的信念）与实际结果相违背时，就会感受到这样的威胁。因此，在金融市场中，如果利润的预期没有得到实现，就会感知到某种威胁。各种因素产生的心理合力可能激发出某种自动（或者说难以自控）的反应。

因此，下一步我将通过指明这些强迫式行为（即难以自控行为）的细节来使你加深认识。每种性格结构的类型都对应着不同的强迫式行为，每种强迫式行为使得我们避开某种特定的情况或状况。因此，一个 1a-2-3 型性格的人将设法避免其脆弱的一面为人所见，而一个 3-1a-2 型性格的人将设法避免生理或心理的疼痛，表 B-3 列出了每种性格组合的不同强迫式回避行为。

表 B-3　性格类型和基本的强迫式回避行为

类型	性格	回避事项
1a-2-3	冲动型 – 情绪型	被看到脆弱的一面
1p-2-3/1p-3-2	消极型	卷入冲突
1a-3-2	冲动型 – 思维型	任何不完美的形式
2-1a-3	情绪型 – 冲动型	不被喜欢、认可、喜爱
2-1p-3	情绪型 – 消极型	执行选定任务失败
2-3-1p	情绪型 – 思维型	成为一名普通人
3-2-1a	思维型 – 情绪型	生活信息不足
3-1p-2	思维型 – 消极型	做出任何错误决定
3-1a-2	思维型 – 冲动型	生理或心理痛苦

我建议读者从市场价格运动和交易的角度，考虑各种强迫式回避行为的用处（或者更确切地说是负作用）。理解上述心理过程对提高我们的交易水平大有裨益。

当面对某种能够激发其自身强迫式回避行为的状况时，他将采取何种策略？当个体感觉到威胁时，会发生什么样的情况？

对每种类型的人而言，一旦感知到威胁，就会做出某种特定的初始防御反应，表 B-4 列出了这些防御反应。笼统地说，本能导向的人必须克服实际或潜在愤怒感的出现，情绪导向的人必须克服自尊心受到打击，思维导向的人则必须克服实际或潜在恐惧感的出现。因此，以 1a-2-3 型性格的人为例，他将通过抵抗威胁来源避免被人看到其脆弱的一面。

表 B-4　对威胁的初始反应

类型	回避事项	对威胁的初始反应
1a-2-3	被看到脆弱的一面	抵抗当前状况
1p-2-3/1p-3-2	卷入冲突	退缩
1a-3-2	任何不完美的形式	愤怒（通常是受压抑的愤怒）

（续）

类型	回避事项	对威胁的初始反应
2-1a-3	不被喜欢、认可、喜爱	自尊心受挫
2-1p-3	执行选定任务失败	自欺欺人并认为一切顺利
2-3-1p	成为一名普通人	嫉妒他人的成功
3-2-1a	生活信息不足	韬光养晦以获得时间和空间
3-1p-2	做出任何错误决定	恐惧
3-1a-2	生理或心理痛苦	制订计划以避开此种状况

了解这些乃是基本或"核心"的反应非常重要。在任何既定状况下，它们将与其他反应（作为反应"矩阵"的组成部分）相关联。不过，对于每个已感知威胁状况的人而言，这些基本反应都将是行为的驱动力。基本上，我们都建立了某种行动策略，以回避那些在早期生活中给我们带来最大心理痛苦的状况。每当再次遭遇类似的状况时，我们都会运用某些应对难题的生理、情绪和心理方面的策略，而且这些策略根深蒂固地植根于我们的内心。

现在，让我们在金融市场的背景下看看这9种性格结构的可能情况。我想大多数人会同意我把金融市场的具体特征分为以下三个方面：

1. 金融市场总是持续不断地发生变化；

2. 金融市场时刻存在亏钱风险；

3. 金融市场受到无穷多种因素的影响。

重点在于，每个人都特别容易遭受上述三项特征中其中一项的伤害，因为每个人自我防卫的注意力焦点（参见表B-2）可能被上述三项特征中的其中一项所激发。让我借助表B-4的内容论证这一点。

第一类人是那些基本上属于本能导向的人。他们往往具有非常敏锐的自我意识，会主动保护自己的个人空间，会寻求控制或避开那些可能侵犯他们个人空间的事物。为了维护自身安全，他们从心理层面上把世界分为两部分：一部分是无变化和无威胁的；另一部分是变化多端的，因而具有潜在威胁。

金融市场自始至终都处于变化之中。市场中到处是互不可见的个人，这些个人出于种种无法搞清楚的原因进行交易。因此，本能导向型的个人将遇到他们最害怕的事情，即一个不可控或者干扰不断的环境。面对亏损，他们做出的反应是意欲对抗市场，或者减少注意力和情绪的投入，抑或强制按捺愤怒。

对于成功交易而言，所有这些反应都是不恰当的。首先，当市场对你不利时企图对抗市场，归根结底是因为你认为自己是对的而市场是错的。从长远来看，这可能是正确的。但正如经济学家凯恩斯所言："从长期来看，我们都会死去"其次，为了避免愤怒而减少注意力的投入意味着会继续持有糟糕的头寸，但这可能会使情况变得非常糟糕。由于缺乏对所发生的状况进行周全考虑，最终迫使交易者转而去求助他人。再次，压抑愤怒的过程意味着重要的资源没有被好好用于市场交易反而被耗散。压力在不断增加，高效交易却在减少。最终，剩下的只有压倒一切的能力不足感和负罪感。

第二类是那些受自身感受驱使的人。这些个人的行为动机主要出于保护自我形象的需要，他们会把注意力聚焦于从别人那里获得认同。当没能获得认同时，自卑感就会产生。不幸的是，这样的自卑感常常源于一个事实（至少在西方文化中是如此）：从童年时代起我们就被教育不许犯错。对这类教育方式接受度最高的人基本都害怕犯错，因为犯错会使他们感到魅力降低，并且这些人了解世界的天性甚至可能受到压抑。

金融市场持续不断地显示出亏钱的危险与现实。事实上，没有人能够取得 100% 的成功交易记录。因此，以感受为中心的个人必定会遭遇到他们最不想遭遇的事情，即亏损交易。对此的反应可能是产生自卑感，或者嫉妒别的较成功者，或者假装一切真的顺利。

同样，这些反应都不会有助于在金融市场中实现成功交易。注意力没有被用在处理亏损交易的现实问题上，而被转移到了处理自尊心的问题上。首先，受伤害的自尊心常常会引发对市场的敌意，并且可能导致设法通过增加亏损交易头寸来对市场实施报复。其次，将注意力聚焦在他人的成功之上（也因此突显了自身的能力不足）只会导致对市场关注度的降低从而错失弥补的机会。再次，忽视亏损信息并假装所持有的亏损头寸平安无事，将迫使交易者转而求助于他人。

第三类是那些以思维为主要特征的人。属于这一类的个人容易非常敏锐地体验到恐惧，因而受到想要尽可能减少恐惧的动机驱使。这样的人会集中注意力去关注信息并且会敏锐地意识到某些构成威胁的信息。在金融市场中，对安全最大的威胁就是造成亏损。那些寻求避免亏损的个人将面临需要分析几乎是无限数量信息的局面。

因此，那些思维导向的个人在金融市场中面对的恰恰是他们最想要避免的状况，即不确定性。造成的结果就是他们会尽可能地拖延时间做出交易决策，或者因恐惧而束手无策，抑或当某个决策出错时忽略威胁性的信息，再或者是通过制订未来交易计划和做其他事情来回避问题。

也是同样的道理，这些反应对成功交易而言没有一项是恰当的。首先，决策时的任何一丝拖延都可能导致错失良机或者不必要的亏损。最终，交易者可能为了挽回亏损而禁不住做出徒劳无益的狂热举动。其次，当情况出现某种问题而因恐惧束手无策时，这通常意味着情况可能会变得更糟糕。最终，要想从恐惧中解脱出来的唯一办法就是狠下心来割掉亏损的头寸。再次，假装问题不存在的这种行为仅仅是在拖延算总账的日子。同时，交易者可能被迫进入一种过度追求完美主义的状态以逃避处理现实问题。

总而言之，最关键的问题在于金融市场始终在持续不断地对任何一个单独的个体生成各种最强有力的威胁。

因此，大多数人始终会感受到威胁。这就意味着，尽管对成功交易者而言拥有获得无限财富的希望，但是真实体验却并非如此。对于绝大多数人而言，实际或潜在的亏损可能会产生负面情绪和不恰当的自我防卫策略。

很明显，这些自我防卫策略不可能改善状况。坦率地讲，随着心理压力的增加，交易态度会变得越来越缺少理性。此外，个人的心理稳定性也可能会受到严重威胁。错误的决策也因此可能会有所增加，个人的生活满意度可能也会下降。交易者必定会通过认同其他交易者的相似观点来寻求解除焦虑。换言之，交易者的从众本能被激发了出来。这可能有些令人惊讶，因为它并不是非常明显，但群集在一起主要是心理过程而非物理过程。自然界已经赋予了我们亚努斯[⊖]型性格。一方面，我们以个体的方式独立于世间；另一方面，我们又强烈渴望（通常连自己也没有意识到渴望会如此强烈）从属于某一类群体。从某种意义上说，我们与自然界的其他部分并无区别。每个单元都有自己的个体特性，但每个单元也都归属于更大的整体。

⊖　古罗马神祇之一，其雕像常具有向着相反方向的两副面孔，故又称"两面神"。——译者注

研究已经表明，人类归属于更大社会团体的心理需要不仅非常基本，而且如果存在某种已感知的威胁，那么这种心理需要就会被强化。金融市场产生着对每位交易者构成潜在威胁的状况。

在《金融市场预测》（*Forecasting Financial Markets*）一书中，我已经讲述了来自亏损的威胁以及价格运动与交易活动之间的反馈关系，是如何导致个人加入到更高层级、自我组织的群体中去的。攀升的价格使得交易者因害怕跟不上市场节奏而感到不安心，这就促使交易者像别人所做的那样进场买入。此外，下跌的价格使得交易者因害怕被套在市场中而感到不安心，这就促使交易者跟随群体而离场卖出。随着趋势的发展，群体心理的强烈程度不断增强。群体控制着下一层级的组成部分并且从整体来看，其运行恰似自然界中的其他有机组织。因此，当某个金融市场群体存在时，它将按照自然律运行。在我看来，与金融市场群体有关的自然律可以表述为：

1. 群体中的能量以周期循环的方式振荡。

2. 这些能量振荡显示出一种非常独特的三相波模式，这种模式在市场的所有时间层级上都会再现。

3. 三相波模式的每一相位往往通过黄金比例 1.618 的变异数值与其他相位发生数学上的关联。

这些规律产生了技术分析方面的所有现象，即价格周期、具体价格形态和可计算的价格目标。换言之，恰恰是群体现象证实了技术分析的有用性。

问题是：个体如何才能克服其自身的强迫式回避行为并且逃脱群体的磁吸力，从而使得他们可以在金融市场中成功地交易？解决上述问题的部分办法当然是运用一套决策程序，即基于客观基础生成买入和卖出信号的交易系统。理论上，使用这样的系统给予交易者从群体中独立出来的可能性。

然而，使用交易系统并不是取得成功的充分条件，它只是必要条件，仅仅提供了操作工具而已。困难在于，任何一套允许交易者确确实实看到当前价格变化的交易系统，自然而然地会将交易者暴露在群体心理的促成因素（即变化的价格本身）之中。

解决这个问题的最新办法是，设法通过重构重建交易者自身心理体系来改变价格变化与负面情绪之间的恶性循环。事实上，现在已经产生一个全新的"自助"行业来解决这个问题。你可以通过参加神经语言程序学培训课程、进行个体催眠疗法以及购买书籍、视频和录音带等途径获得这方面的技巧。

这些技巧的巨大价值不仅在于它们将关注点聚焦在交易的难题上，同时也有助于增强自我认识。在这方面，毫无疑问我会推荐由范·撒普和亨利·普鲁登（Henry O. Pruden）所写的名为《顶级交易的 10 项任务》(*The Ten Tasks of Top Trading*) 这篇优秀文章（刊载于 1994 年的 IFTA 期刊上）。

然而，我劝告大家，大部分的心理构建技巧顶多只涉及"表层结构"。也就是说，它们只能解决轻度恐惧情况下的压抑或逃避问题，而无法消除本文所述的"深层结构"强迫式回避行为。巨大危险在于这些强迫式行为会在最意想不到之时突然爆发。很关键的一点是，当强迫式回避行为出现时，能够意识到它们存在是至关重要的，这样可以在一定程度上降低它们的不良影响。

因此，如果一名交易者按照范·撒普和亨利·普鲁登所推荐的方式采用某种结构化方法执行交易任务，并设法摆脱本文所述的各类性格倾向的干扰，那么成功的概率将会非常高。

然而不幸的是，强迫式回避行为会是困扰你一生的盗贼，它们总是潜伏在山中等待时机伏击我们。

托尼·普卢默是吉尼斯·福莱特·亨宝全球基金管理人（Guiness Flight Hambros Global Fund Managers）公司的一名主管，主要负责货币和英镑债券交易业务。他从 1979 年开始使用技术分析方法。1989 年他出版了《金融市场预测》一书，美国版书名为《技术分析心理学》（*The Psychology of Technical Analysis*）。该书现已修订为第 3 版并且被翻译为多种语言出版。托尼也是一名通过资格认证的神经语言编程师。

| 附录 C |

推 荐 读 物

基本书目

Anonymous (1975), *A Course in Miracles*, Foundation for Inner Peace.

Brown, Constance (1995), *Aerodynamic Trading*, New Classics Library.

Douglas, Mark (1990), *The Disciplined Trader*, New York Institute of Finance.

Elder, Alexander (1993), *Trading for a Living*, Kogan Page.

Hill, Napoleon (1987), *Think and Grow Rich*, Fawcett Crest.

Lefevre, Edwin (1994), *Reminiscences of a Stock Operator*, John Wiley & Sons (it's all in here)

Niederhoffer, Victor (1997), *The Education of a Speculator*, John Wiley & Sons （这确实是本好书，阅读维克多·尼德霍夫的交易事迹可以明白其基金爆仓的原因！）

Plummer, Tony (1993), *Forecasting Financial Markets*, Kogan Page.

Robbins, Anthony (1992), *Awaken the Giant Within*, Simon & Schuster.

Steidlmayer, Peter (1990), *New Market Discoveries*, Kirbmarn.

Toghraie, Adrienne and Bernstein, Jake (1995), *The Winning Edge*, Target *TTT* Newsletters.

Van Tharp, Dr (1990), *Peak Performance Course*.

Williams, Bill (1995), *Trading Chaos*, John Wiley & Sons.

其他书目

Schwager, Jack (1989), *Market Wizards (I & II)*, Harper & Row.

Toppel, Edward Allen (1992), *Zen in the Markets*, Warner Bros.

Ross, Joe (1994), *Trading by the Minute*, Trading Educators Ltd.

Sloman, James (1990), *Nothing*, IIT.

我也特别推荐由芝加哥期货交易所出版的 *the Market Profile Study Guide* (1991)。

交易与心理调查问卷

托尼·普卢默

　　这份调查问卷的涵盖面非常广泛。你对各类问题的回答越详尽充分，我们能给予你的反馈就越有用。然而我们并不想让问答过程变成一场讯问，因此如果你不想回答某个问题，请在问题旁注明"无可奉告"即可。有些回答用一个词不够，在这种情况下你可以随便写在另外一张纸上，但请注明哪个回答对应哪个问题。我们故意不采用标准化答题模式设计问题，这样你可以按照你觉得合适的方式随意回答（或不回答）。

　　设计这份调查问卷旨在通过它来显示你对交易的理解与领悟，因此花一些时间来完成它也许是值得的。花时间答题应该会证明是划算的，不要仓促而就。如果想得到我对你的回答的反馈意见，请发电子邮件（电子邮箱地址详见附录 A）给我。

关于交易

一、动机

1. 你希望从市场中得到什么？

2. 你打算如何得到它？

3. 实现之后你将会拥有什么？请描述你预期的情绪。

4. 之后你又希望得到什么？

5. 你打算如何得到它？

6. 实现之后你会拥有什么？请描述你预期的情绪。

7. 依次重复回答问题 4～6，直到找到最终的答案为止。

8. 你认为自己之所以选择从事市场交易的主要原因是什么？

9. 你是否还有其他一些次要原因？

10. 在你选择从事市场交易的原因中，是否还有一部分原因是出于寻求新挑战的需要？

11. 在你选择从事市场交易的原因中，是否还有一部分原因是出于摆脱倦怠无聊感的需要？

12. 在你选择从事市场交易的原因中，是否还有一部分原因是出于寻求刺激的需要？

13. 在你选择从事市场交易的原因中，是否还有一部分原因是出于自我激励的需要？

14. 在你选择从事市场交易的原因中，是否还有一部分原因是出于获得自尊感的需要？

15. 在某些时候，你是否可能会因为受到这样或那样的情绪触动而进行交易？

16. 你认为还有哪些其他原因使你进行了本不应该进行的交易？

17. 你喜欢哪类交易品种？股票、期权还是期货（请圈选合适选项）？

18. 你是否曾发现自己不敢进场交易？

19. 你觉得出现上述问题的可能原因是什么？

20. 如果用金钱额度来衡量，你在金融市场中的奋斗目标是赚到多少钱？

21. 你是否认为这些目标是可以实现的？

22. 你是否能够在实现这些目标的同时保持"冷静、沉着和镇定"？

23. 基于你对第 21 题和第 22 题的回答，你是否想修改对第 20 题的回答？

二、经验

1. 大多数交易者在学会如何限制亏损这个至关重要的教训之前就会被淘汰出局。你是否有过这样的经历？是或否（请圈选合适选项）。

2. 请写出详细过程（如果有必要的话，可以写在单独的纸上）。

3. 请描述自己在经历整个事件过程中的情绪状况。

4. 你觉得从中学到了什么？

5. 你是否觉得自己已经妥善应对了这段经历？

6. 请描述你现在面对金融交易市场时会有哪些恐惧？

7. 列举出你不会采取的交易行为。例如，不持仓过夜、不交易期货或者卖出期权等。

8. 你是否将这些视为规定？

9. 你喜欢使用何种止损方法？

10. 你是否使用特有的方法体系？

11. 你是否仅仅只有一套或者不止一套方法体系？请给出具体数量。

12. 该方法体系是否能够给予你精确的进场、离场信号？

13. 如果的答案是否定的，那么为什么无法给予？

14. 对于上述第 13 题的理由，你认为会对自己取得交易成功起正面作用还是负面作用？

15. 对于上述第 14 题的回答结果，你是否打算采取某种行动？

16. 如果你不打算采取行动，为什么？

17. 你是否认为，如果自己的方法体系更精确一些，那么将会对有时采纳不恰当交易信号的原因有更多的了解？

18. 你是否认为"不恰当"交易与最终的盈利或亏损结果有关？

19. 如果是，为什么？

20. 你是否设定了盈利目标？

21. 如果是，为什么？

22. 你是否有交易期货与期权的经验？

23. 你是喜欢有 10% 的概率赚到 10 000 英镑还是有 90% 的概率赚到 1000 英镑？如果有 90% 的概率赚到 1100 英镑而不是赚到 1000 英镑，这两者有区别吗？

24. 在经历连续 5 次亏损之后，你的感受会如何？

25. 当你亏损时是否通常是别人的过错？请给出解释。

26. 你是否频繁地接受经纪人所提供的关于市场方面的建议？

27. 如果是，交易结果怎样？

28. 你是否仔细地审阅过自己的交易情况报表？

三、结果

1. 从总体上来说，你是不是亏损的？

2. 如果是，你正在交易的合约数量是否超过一份以上？

3. 你是否认为继续这么做具有某种合理性？

4. 你的亏损是由许多笔小额亏损还是由几笔大额亏损所引起的？

注意：人们有时候会说，交易新手会遭受几笔大额亏损（因为他们无法迅速地在出现小额亏损时及时止损），而经验较丰富的交易者会遭受许多笔小额亏损（因为他们把止损位设置得过紧）。对此要再补充一点的是，即使是经验非常丰富的金融衍生产品基金经理从绝对值上来说也常常是亏损的，因为其客户会在他们亏损时赎回基金，故赚钱时所管理的基金总额要比亏损时小。

5. 你是否认为自己的问题根源于经验不足或者恐惧？

6. 你是否将自己的问题归因于其他因素？

7. 你是否应当对自己的交易行为和结果承担全部责任？

8. 如果不是，那么是谁的责任？

9. 你的盈利来自许多笔小额盈利还是几笔大额盈利？如果尚未盈利，你觉得哪种盈利方式适合你？

10. 你是否在有好消息的时候买入？

11. 如果是，为什么？

12. 市场给你造成大问题的情况是否比较罕见？

13. 在市场交易中，你的每笔亏损是否只限于原先计划的额度？

14. 当你的某笔亏损比原先计划多时，是否有充分的理由？如果有，请列出来。

15. 如果出现一次极佳的交易机会，你是否会将大部分的资金投入进去冒险？

16. 请解释为什么大多数交易者是"违背平均律的亡命之徒"。

17. 你是否喜欢交易带来的刺激感，无论盈利还是亏损？

18. 交易是不是你的业余爱好？

19. 如果亏损了，你是否想从市场中重新赚回这笔钱？

20. 你是否经常有冲动之举？

21. 无论情况如何，你是否都会保持自己的投资头寸不轻易放手？即使在熊市里持仓，你是否也没太大问题？

22. 你是否会和别人谈自己的交易结果？

23. 你是否将自己所有的交易过程和结果都清清楚楚、白纸黑字地记录下来？

24. 你是否写交易日志，在日志上列出所有进场交易和离场的原因？

25. 如果否，为什么不这么做？

26. 在过去的 5 年里（如果从事交易的时间少于 5 年，在实际交易时间里），你是不是净亏损的？

四、认知

1. 一套优良的交易系统是否应该每个月都盈利？

2. 如果飞镖选股法这种靠胡乱碰运气的方法管用，你会选用它吗？

3. 你是否经常听从别人的建议？

4. 你是否常常感到困惑？

5. 你是否觉得必须成为知晓内幕的人士才可能盈利？

6. 除非能够在交易中盈利，否则你是否感到自己一无是处？

7. 你是否愿意做许多避免惹恼经纪人的事情？

8. 你是否相信随机交易？

9. 伦敦动物园的一只大猩猩预测市场的准确度达到 86%，你是否会听从这只猩猩的指示进行交易？

10. 如果必须让你将市场比作一种动物，无论是真实存在的动物还是想象出来的动物，你认为市场是哪一种动物？

11. 你对金融市场交易系统的看法是什么？

12. 你是否相信，一旦找到了"你自己"的系统，你将会成功？

13. 你是否相信，一旦你成为一名优秀的交易者，那么其他一切收获都自然而然会随之而来？

14. 你是否制定过自己需要实现的交易目标？这里所说的交易目标不是财务目标，而是指你需要学会的各种教训。举一个也许可行的例子——学会截断亏损，形成一套方法体系，学会遵循该方法体系进行交易，学会让利润奔跑，成为运用该方法的专家。

15. 请列举你觉得在市场中具有价值的事情。

16. 你如何利用这些有价值的事情赚钱？

五、现状

1. 此刻你已能够完全依靠投资而生活了吗？

2. 你花在市场交易上的时间有多少？

3. 你是否曾经因为注意力不够集中而错失某些交易机会？

4. 出现上述情况，你的感受会如何？

5. 你的情绪是否会随着市场波动而起伏?

6. 如果是，达到何种程度?

7. 这样有用吗?

8. 为了避免上述情绪困扰问题，你打算采取何种行动?

9. 你是否常常感到有一种强迫的力量促使自己进行交易?

10. 你是否常常感到不需要进行交易?

11. 你正在交易的合约数量达到几份?

12. 当你在某一笔交易上出现亏损时，亏损金额会占资金总额的百分之几?

13. 请解释为什么你认为这样的风险水平正好适合你。

14. 请解释该风险水平的统计学含义。

15. 平均来说，你盈利的交易次数占交易总数的百分比是多少?

16. 请解释上述百分比连同你的风险水平这两者的统计学含义。

17. 你是否在交易投入上超出了本应投入的金额?

18. 从事交易的资金占你总资产的百分之几?

关于个人

1. 你与你的搭档是否有过争论?

2. 你是否喜欢认识新朋友?

3. 你是不是个赢家?

4. 你大多数的朋友是否也都是赢家?

5. 你是否说过谎话?

6. 你是否会定期列出奋斗目标（包括交易目标和其他目标）?

7. 你是否觉得自己不太可能实现其中任何一个目标？

8. 你是否有许多亲密的朋友？

9. 你是否害怕谈论某些事情？

10. 你是否喜欢所有自己认识的人？

11. 你是否爱所有自己认识的人？

12. 当你在做某些事情的时候，你是否不喜欢让别人从中收益？

13. 你是否饮食过度？

14. 你是否抽烟过度？

15. 你是否饮酒过度？

16. 你是否嗑药过度？

17. 你是否存在其他自我伤害行为？

18. 你是否不知道为什么会这样？

19. 如果你在第 13～18 题有肯定的回答，那么写出更详尽的细节将对分析问题有帮助，如果感到勉强的话可以不写。

20. 你是否和自己的同事相处非常融洽？

21. 你的同事是否喜欢你？

22. 你是否定期休假？

23. 你是否会感觉过去比现在要好？

24. 你是较多地看到别人的能力还是别人的观点？

25. 在自己的观点有悖于主流观点时，你是否会感觉不舒服？

26. 如果在房间里的所有人都脱掉了他们的鞋子，你是否也会跟着这样做？

27. 你是否害怕面对你自身的现实？

28. 你是否了解自己的感受？

29. 你是否承受着想要取得成功的压力（这种压力要么来自自身，要么来自别人）？

30. 交易的时候，你是否处于放松状态？

31. 你是否嫉妒别人？

32. 当面对混乱困惑的局面时，你是否会去寻求他人的建议？

33. 为什么？

34. 财富是否对你很重要？

35. 你如何定义"富有"？

36. 你花在看报纸上的时间有多久？

37. 这些报纸对你有什么帮助？

38. 你是否将"金钱"放在与"爱情"同等的地位？

39. 如果是，为什么？

40. 你健康吗？

41. 你平时做什么锻炼？

42. 你是否觉得从事市场交易身体健康很重要？

43. 如果是，为什么？

44. 金钱对你意味着什么？

艾略特理论是否容易使人沉迷

这是一个我亲身经历的关于艾略特波浪理论的故事，我认为这个故事可以说明许多重要的方面——关于许多人（包括我在内）使用不同交易技术的方式以及可能会面临的危险等。在某些方面，我的故事可能不是很典型，但在有些方面，我相信是典型的。

我已无法清楚地回忆起自己是如何得到鲍勃·贝克曼主编的《投资者简报》（Investors Bulletin）的，但我后来开始订阅它。我想是在 1985 年或 1986 年间阅读了他名为《超级时机》（Super Timing）的著作，该书专门讨论了艾略特波浪理论。这是一本好书，本附录其余部分不会再推荐其他书。

之后我开始研究这项分析技术，而该技术也立即引起了我的兴趣。这也许是个人喜好的缘故，但艾略特波浪理论的形态看起来很有趣，并且对于明确识别重要的顶部和底部具有明显的吸引人之处。也许我应该承认，那时我还是非常稚嫩的新手。当时我也在阅读《投资者简报》，并且确信市场将会回落（那时我是坚定的空头），我丝毫没有意识到这样的事情（或观点）是危险的，这种警惕性的思想当时甚至从未在我脑海中出现过！

因而我设法运用艾略特理论，它的表现也相当不错，这使得我不断地用它来识别形态。我买入了（所以说我当时是一名新手）一些认沽期权，大多数都一文不值地到期了，但有一笔期权赚了不少。我提前离场（这是必然的事情）但仍旧弥补了前面的亏损。是的！于是我就迷上了这样的操作。之后我和一位朋友进行了交谈，他告诉我怎样卖出期权。之后，当我在法国阿沃里亚兹滑雪时，我对该技术进行了仔细的考虑，我看不出它会出现失败。你可以卖出一些认购期权，如果上涨了就卖出一些认沽期权，如果又下跌了你就卖出更多的认购期权。在那时，我还不知道保证金的奥妙和双倍头寸的危险。然后，从1986年到1987年，我时而赚一些，时而也亏一些。在那时，我的交易进展顺利，头寸规模不断扩大。现在回想起来有点后怕，并且意识到已处于过度交易的状态，但是当时我对此浑然不觉。之后1987年发生全球大股灾，这导致了我的失利吗？也许是，但不是以你所认为的方式。别忘了，当时我是一名空头，我是迷上了艾略特理论的空头。

我在前面已经展示过一张1987年全球大股灾时的图表，该图表对本附录而言是一个完美的图示，所以在图E-1中再次展现了1987年全球大股灾的价格走势。请看一个完美的艾略特波浪形态，五波浪从8月的顶峰跌落下来。之后价格出现明显的回调，在10月到达了顶峰，然后是该形态的完结。看上去很完美！不仅如此，在英格兰南部过境的飓风似乎也预示了该价格运动。

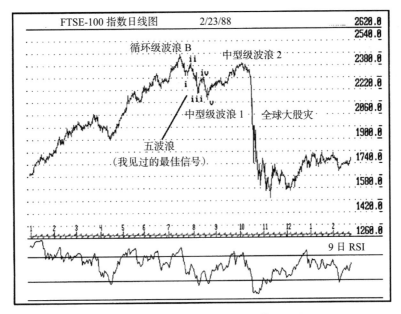

图 E-1　为什么艾略特理论容易使人沉迷

　　当然，我在此期间的交易并不完美。在股灾之前，我已经买入了 60 份认沽期权，又卖出了一些认购期权。我设法在股灾之前的一星期结清了 40 份认沽期权头寸，剩余部分的头寸在股灾发生当天的上午结清，因此也错过了最好的那一段价格运动。尽管事实上我预测在完美的形态之后将会出现超过 300 点的价格运动，但当时我也正在使用 5 小时 RSI（相对强度指数），当它处于超卖状态时，我就接受了该信号。这些指标不是很巧妙吗！

　　在股灾前的一周，我曾与一位江恩理论的专家进行了一次长谈，我们互相交换了意见。我们两个都预期富时指数会下跌，但当我说是 300 点时，他好像说：“哦，不，大约 100 多点吧！”我经常在想，当他在某一天发现跌了 300 点，而第二天又跌了 300 点时，他会是什么感觉？

然而，请试着考虑一下这个预测对于一名空头新手的影响，而这就是本附录所要表达的意思。市场以最强有力的可能方式增强了我对艾略特理论的兴趣，并且是在我最容易受到影响的交易生涯早期。市场向我显示了预测未来是可能的（其实不然），它向我显示了艾略特理论是多么精确（从那以来，它再也没有给出过这么好的信号了），也显示了某种视角可能会看到多么棒的结果（但某种视角通常是致命的）。

现在，让我们退一步考虑其他那些会在通往成功交易道路上接触到的分析方法，尽管成功交易并不是我们许多人实际能够实现的目标，"被召的人多，选上的人少"（《新约·马太福音》第 20 章 16 节）。存在着许多可能的结果，不过所有这些结果可以被归结为三种主要类型。第一类是最初使用的分析技术（对于我而言是艾略特波浪理论）被发现是"有缺陷"的。在这种情况下，交易者可能会换用另一种分析技术。第二类可以称为"取得一定成功"的。由于分析技术存在短处，交易者仍旧会出现亏损，但他可能仍然喜欢使用这种技术。第三类可以称为"非常成功"的，我想我所遭遇到的就是这种情况，在所有三种情况中，这一种是最糟糕的。因为这样的话，该分析技术可能就会变得完全使人沉迷。

就一切情况而论，交易者需要熟悉大量的分析技术，才能使得他们选择放弃某些分析技术。但交易者也需要成为某些分析技术的专家，通过这些分析技术，交易者能够获得自己想要的结果。他们不需要对某种分析技术着迷。在这方面，早期阶段的失败也许比其他事情更加有益。尤其是在你对资金管理有所理解之前，过早的成功很容易导致交易总额大幅增加，从而带来不可避免的毁灭后果。

然而，在这方面最近我以直观的形式理解了另外一点，这与市场剖面图有关。

大概在 6 年前，某位股票经纪人向我介绍了市场剖面图理论。那时我阅读了他推荐的一本书，但那本书对我丝毫没有产生影响。在我看来，市场剖面图似乎只是显示相同价格信息的另一种方式而已。我完全没有意识到该技术提供了关于"价值区域"的理解，也完全没有意识到价格未延续形态的有用性。现在说来，这是非常重要的一点。我并没有认为自己在摄取信息方面比普通人要好多少，但交易是我的职业。如果我通过阅读获知一种分析技术，我希望至少能够了解其基本特征，但在市场剖面图这件事情上我却没有做到这样。这有点令人烦恼。这是否意味着我在读每一本书时都带着固有的主观意见，因此无法看到书中内容的价值？情况显然如此。如果我是这样的情况，那么很可能我们大家都或多或少地存在同样的情况。如果这是真的（我认为是毫无疑问的），那么我们将只会接受那些自己准备接受的内容。换言之，我们将只接受那些自己想要接受的内容。这意味着我们对自己行为所应负的责任比原本想象的要大，因为如果控制了自己的信息输入（正如我们所做的那样），我们就控制了自己的行为方式，控制了如何对所有的刺激做出反应，这些反应最终决定了我们的行动和遭遇。

对交易而言尤其如此。因而，也许会出现这样的情况，即你曾发现最适合你的技术，但由于诸多原因，你可能已对其弃之不用了。我现在当然已经发现市场剖面图极其有用了，因为我看到它在实时交易中发挥着作用。毫无疑问的是，如果你可以观察一名"大师"⊖如何使用某项技术在市场中赚钱，这往往比阅读一本关于该技术的书更有意义。

⊖　此处指真正的大师（master）或高手，而非本书前文中所说的贬义的"大师"（guru）。——译者注

因此，比仅仅了解一项技术更为复杂的情况是，你必须谨防未能充分了解某项技术。在某种程度上，与"你自己"的技术（即最终使你取得成功的技术）协调一致，关键在于提出正确的问题。在最初开始交易的时候，我们不太懂得如何表达这些问题。如果问哪些是成功交易最重要的方面，我们可能会泛泛而谈地说到某个关键指标，或者听从某位成功交易者的建议，或者某些你钟爱的理论，等等。但我们可能不会提到交易心理，或者低风险交易理念，乃至止损。在很大程度上，就如同是实习期，前面几年时间主要是用来掌握基础知识的。那些在自身职业领域取得成功和表现聪明的人觉得自己能够轻易地在市场中取得成功，完全是出于傲慢和无知。我并不是在自命不凡，因为我以前恰恰就是如此。但这明显是愚蠢的，并且市场会让你明白"出来混，迟早是要还的"。

因此，回顾自己从开始交易到现在的整个过程很重要。要审视自己已经获得的知识，尽可能地确保最大程度地利用所知道的东西，并且确保自己没有对任何东西着迷。尤其是要审视你想从自己的技术中得到什么，以及是否正在得到自己所想要的东西。要审视自己所接受的交易是不是"低风险交易机会"，如果不是，那么考虑如何改变你的技术使得它们变成可以把握"低风险交易机会"，因为这是最基本的事情！

《获利策略》(作者著作自荐)

作为一名交易者，我的关注点在于建立可盈利的交易。作为一名作者，我有两个目标：第一个目标是写出一本有用的书，有趣当然是其前提；另外一个目标（也许是所有作者的首要目标）是写出一本被别人阅读的书。当你考虑该问题时，这是很显然的。写作是件颇费心力的工作。对于辛苦的工作，我并不在意，但我的确喜欢在完成之时能有许多收获——收到告诉我所做成果的读者来信和电子邮件，是件非常令人愉快的事情！

因此，当新版再次发行时，在我脑海里想得最多的是，本书在初版发行期间取得了不俗的反响（事实上，有超过 1 万名读者阅读了此书）。此外，对我而言，自 1998 年以来我在市场中的交易经验表明，之前在书中所表述的结论都无须修正。

这并不是说我没有继续写作，事实上，我现在正在写我的第 5 本书。我的性格总是比较容易沉迷于某事，关键是在于要将沉迷性格引导到做有用的事情上去！

因此，在本书新版中，我打算介绍一下自己的另一本著作《获利策略》(*The Fortune Strategy*)，然后再谈谈当前的市场状况。

首先，《获利策略》这本新书具有一个非常不同的预定目标，也就是制订计划使得市场对你有利。在咨询工作中，我遇到了许多交易者并与他们一起合作。他们常常缺乏关于要往何处去的清晰想法。然而，对于市场交易来说，拥有一个清晰的计划是必不可少的条件之一。《获利策略》提供了这样的一个计划，但还不仅限于此，它也给出了如何开发自己交易系统的清晰指导。在我的咨询工作中，这也是交易者所面临的关键障碍之一。他们不知道如何开发自己的交易系统，以及如何在交易系统中表达交易个性。

因而，我从该书中节选了两段内容。我选择将这些章节作为对本书所讨论观点的某种拓展。

节选一：里程碑

学会交易是一项复杂的任务。也许有些令人意外的是，在学会交易与在诸如马术和登山等领域掌握高强本领之间，存在着许多相似之处。我知道这可能有点牵强附会，并且我也完全注意到它们之间存在许多差别。交易是坐在房间里盯着看显示屏。实际上它并非如此，那只是它的外在表现而已。马术和登山是一种带有个人危险和风险的室外体育运动。让我们抛却身体方面的因素，来看看头脑的作用。在上述所有活动（马术、登山以及交易）中，我们都面临着学习许多应对风险和激起情绪与本能的技巧。

要成为一名优秀的交易者、骑手或者登山者，都需要首先处理好这些方面。在进步过程中，我们并非获取了知识，而是抛掉了某些恐惧。在很大程度上，首要的一步是去除那些毫无用处的（心理与行为）反应。我们需要洗心革面，然后以更有裨益的方式重新构建自我。

我是在最近和一位奥林匹克马术教练的谈话过程中才意识到这点。我对马术和交易这两项活动之间存在那么多的相似之处而感到惊奇。从另一个意义上来说，所有这些运动以及其他类似的具有挑战性的任务，都要求我们必须超越自我。我们都在与比自己强大的对象（一匹马、一座山峰或者一个市场）进行较量。我经常提到的基本模式均是可以适用的。我们起初是情绪化的，之后学会了机械化操作（消除了情绪投入和本能反应），最终我们成为专家。骑马、交易甚至灵修皆是如此。

作为一名交易者，上述一切仅仅只是一时的关注点，因为我现在已经实现了自己的目标并且在稳定持续地赚钱。但作为一名交易教练，它绝对是至关重要的，因为那些还在为赚钱而奋斗与挣扎着的人需要掌握它。

在与马术教练谈话的过程中，有另外两个重要的观点从我脑海里浮现出来。第一个观点是，我们之中的有一些人培养出了"高级概念技能"。我尚未完全理解这个概念，但很显然的是，除非我们在 15 岁之前学习物理和数学，否则我们无法培养出这些技能。当我谈论卖出期权和期货对冲的交易策略时，很明显的是，对于那些没有这些高级概念技能的人而言，根本无法理解。在此之前，我从未想到过这一点，为什么会是这样的呢？和大多数人一样，我往往认为别人通常是和自己相同的。我从未想到过自己可能拥有别人没有并且无法拥有的技能，但我在学习语言方面很差劲而别人却觉得很简单。事实上，我们都是各不相同的个体。无所谓哪个更好或者哪个更坏，只是不同而已。

然而，我认为我们之间都是相同的。如果你仔细地倾听别人，那么你将听到别人如何描述自己，因为他们把你想象成什么样的人，其实他们自己就非常可能是那样的人。例如，如果某个人怀疑我所说的事情，我就会自然而然地假设这个人不可信。他们正在向我表明他们是不可信赖的，因而他们会认为其他人也同样如此。

人与人之间存在区别意味着什么？正如我经常说的那样：每一位交易者必须形成自己的交易个性。我们都有不同的优点和缺点，我们的交易个性必须使优点的作用发挥到极致，使缺点的影响降低到最低程度。

第二个观点之所以产生，是因为那位马术教练无法理解某些骑手似乎拥有"天生"的能力。这明显引起了他的极大关注，因为这可能会为他如何改进训练技术提供丰富的信息。他认为这可能是遗传效应，那些杰出的骑手可以通过遗传基因将这样的能力传递给自己的后代。我对此持有不同的理论看法。我认为小时候我们的学习能力要比成年后强，当时尚未背负那些阻碍自身成功的精神包袱。在那个阶段，孩子能够以更清晰的方式看待事物。因此，当他们观察到自己的父母骑术特别好时，他们会领悟其中的要点，并且也依样画葫芦地这么去做。虽然不是立刻就学会，但基本框架与格局已经奠定，只需等着慢慢掌握就是了。那些没有机会仔细观察登峰造极水平的运动技巧的人无法拥有这样的潜藏才能。他们怎么可能拥有呢？所以我说，那不是遗传基因的问题，而仅仅是早年耳濡目染的观察揣摩而已。但这种情况和交易不太相关，因为很少有交易者在那么小的时候开始交易，并且我知道只有少数交易者其父母是杰出交易者。另外，会有多少小孩子看到自己父母坐在显示屏前并偶尔拿起话筒打打电话这样的事情而着迷呢？交易者的技能并不是非常具体可见的，但强调需要与那些成功交易者保持定期联系也许是有益的做法。这就是在所有其他行业中最优秀的人如何进行学习的方法。交易也是如此。

我认为这就是对我成长过程中里程碑式转折点的很好介绍，这些里程碑式的转折点就是我一路走来学到的关键教训，是它们使得我取得了今日的成就。如果我可以向你们交流我所做出的关键决定以及这些决定对我的交易生涯产生的影响，也许我可以在你一路前行的过程中助你一臂之力。事实上，这样关键性的东西并没有多少。真正关键的教训寥寥数条。

初涉交易

第一个里程碑式的转折点必定是使我去尝试涉足市场的东西。我认为这可以被概括为好奇心，至少在一开始是如此。那个时候，我是一名税务顾问，但我在这份工作中找不到太多令人振奋的东西。由于有一部分工作与投资相关，我过去经常阅读鲍勃·贝克曼的《投资者简报》（很遗憾现在已经停刊，或者至少与贝克曼先生无关了）。我也因而买了他那本关于艾略特波浪理论（书名为《超级时机》）的书。我开始将书中的理论运用到市场中，并对富时指数的价格运动方式产生了兴趣。然而这并不是使我着迷的原因，使我着迷的事情来自另外一个方面。我的一位朋友（损友）告诉我不但可以买入期权而且也可以卖出期权。当时我不明白按照这种方法怎么可能会出现亏损。我忽视了保证金问题和双倍头寸规模的危险，这两个小障碍将原本有把握的事情最终转变为一场噩梦。我无法确定我做交易的主要原因是赚钱还是寻求挑战或者刺激。我猜想，在为获得收益打下良好基础之前，挑战和刺激是比较直接迫切的原因。在生命中我们所做的大多数重要事情背后，都存在着许多种原因。

意识到必须截断亏损

在开始交易之后，什么是我接下来的第一个里程碑式转折点？我只能想到最突出的那个，也就是限制亏损。我可能花了较长时间才意识到这一点，因为我从一开始就在卖出期权，当时我甚至从未听说过有期货这么一件事情。现在听起来似乎令人难以置信，但在20世纪80年代，期货尚未流行，事实上我们现在正在交易的许多合约类型那时甚至都还没有。对于期权，我通过卖出更多的期权来非常快速地对冲头寸。这么做代价非常高昂，我在转到期货交易时才充分明白了正确的方法经验。对我而言，这是必不可少的一步，使得我接下来开始采用机械化交易方法。

　　意识到截断亏损并不是件容易的事情，而是需要付出许多艰辛努力。

当意识到必须截断亏损时，并不意味着能够立即充分意识到上述这一点，但时间会让这一点变得越来越明显……

节选二：平衡问题——在市场中取得全面成功的决定性关键因素

每一个涉足市场的人都希望最终成为一名赢家。在本节中，我将概要地叙述盈利者与亏损者之间存在区别的4个基本方面，这些方面既适用于交易者也适用于投资者。

这些内容里并没有突破性的新东西，大多数内容都为投资者和交易者所熟知。事实上，它们过于为人们所熟知，因为隐藏秘密最好的地方就是那些每个人都能看得到的地方，这样的话，人们就不会意识到它的价值。这4个方面不仅是取得成功的简单规则，也标志着通往成功的路径。对此我不再赘言，这4个方面分别是：

1. 截断亏损。

2. 让利润奔跑。

3. 遴选交易机会。

4. 保持良性平衡。

在努力实现成功的过程中，我们都会经历这样 4 个成长阶段，分别是：

1. 新手级。

2. 中级。

3. 专家级。

4. 大师级。

在我的《金融交易圣经》一书中，我对前面 3 个方面进行了详尽的讲解，并且说明了如何通过使用我发明的、称之为"金融交易金字塔"的模型，来形成取得交易成功的正确思维方式。然而，我没有对第 4 个因素，即平衡进行讲解。平衡不仅仅是一条附加的规则，它也应当成为金融交易金字塔中的一个层级。

交易和投资新手进入市场时对自己所涉足的事情没有多少概念，同时，他们认为自己将会一帆风顺地获得许多可观的盈利。他们总是会遭遇到我们称之为"现实打击"的困境而猛然醒悟。这时，他们学会截断亏损，并且接受这个教训标志着进入了中级水平……

当前的市场状况

在本书中，我表述了一个事实。在所有时间框架中，市场价格都会从某个极端价位到达另一个极端价位。在该书初版结语的结尾处，我也补充道："但我知道极端高位将迟早会在某一刻出现……"

在我做出上述表述后不久，全球主要的股票市场价格在 1999 年 9 月和 2000 年 3 月之间都攀升到了历史最高点。此后，纳斯达克 100 指数出现了几次大跌，累计跌幅达到最高点位的 83.5%。

关于这些股市最高点，有意思的一点是，富时 100 指数是在 1999 年最后一个交易日（12 月 30 日）攀升到了顶峰，正如日经指数在 10 年前最后一个交易日（1989 年 12 月 29 日）攀升到了顶峰。这并不是巧合，事实上这是"情绪"高峰的完美例子（参见第 20 章）。市场是大众心理的一种显现，在任何时候，指数都是社会中"利好"因素的良好衡量标准。那么何时"利好"因素会达到顶峰？经常会是在元旦前一日我们庆祝新年来临并展望新年之时——1999 年年底我们不仅仅是在期待新年，还在期待千禧年！

我并不认为"市场是大众心理的衡量标准"这句话需要证明。如果需要证明，那么这就是证明。当然市场并不总是在这样的情况下达到顶峰，影响股票价格的力量是复杂多样的，如果必须让我选择某一天达到顶峰，那么元旦前一日将是合适的选择。

一旦市场价格攀上顶峰，它就会跌回到极端低点然后再上涨。极端低点出现在 2002 年 10 月和 2003 年 3 月之间，这些上涨现在正预示着市场将回升到新的历史最高点。事实上，有些市场必然会出现这样的高点，但可能不会是纳斯达克市场，因为直到 2006 年 1 月，它从上一次的大跌中只反弹了 24%。

在 3 年的时间里只出现了这么微弱的反弹，意味着我们看到的只是一次熊市的反弹，我们将会看到进一步的下跌。很明显，在 2002 年 10 月和 2003 年 3 月之间出现的那些低点是某个大时间框架里的极端价位，但我不认为它们是几年前创历史最高位的那个时间框架中的极端价位。

标准普尔指数的市盈率

作为这方面的证据，我将展示标准普尔指数及其市盈率的长期图形（参见"标准普尔 500 指数市盈率图"）。

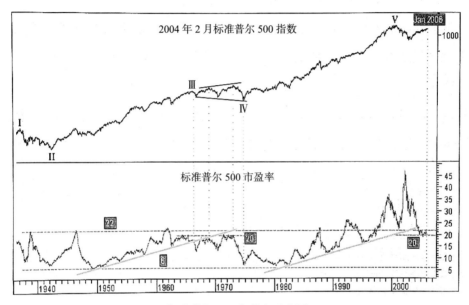

标准普尔 500 指数市盈率图

在大熊市的底部，市场市盈率通常会低于 10。这张图显示了从 1936 年以来标准普尔 500 指数的市盈率变化。你将会注意到，市盈率大约从 1936 年开始直到 20 世纪 90 年代早期都维持在"标准"区间之内。之后它进入亢奋上涨状态，这就是我和其他一些人对 20 世纪 90 年代后期的大牛市持怀疑态度的原因之一——这个牛市是建立在虚幻之上的，而且是狂热的虚幻之上（感谢 www.cycleman.com 网站的提姆·伍德提供这张图，同时也感谢 www.chart-guide.com 网站的比尔·阿德拉德对该图进行了数据更新和标注）。

2000～2003 年出现的崩盘使得市盈率返回到了标准区间的顶部。标准普尔指数的市盈率长期平均值大约是 15，现在甚至还没有到达这个数值。让我们等到它低于 10 吧，按照惯例在这个时候熊市将会终结。

因此，所有这些崩盘都是在挤掉泡沫，市场必须继续下行以完成一个完整的熊市。我们已经历了第一阶段，当坏消息惹出麻烦的时候，可能很快就会进入第二阶段，同时公司盈利也将下降，这会给予我们双重打击。下降的公司盈利将使得价格出现下跌，但情绪将使得它下跌得更深。最后，第三阶段将使得市场进入极度超买区域，这一刻预计会出现如 20 世纪 40 年代和 50 年代我们所见到的对于股票投资的普遍不信任情绪，也可能出现像资本主义制度已经失败这样的评论。但对此也许不用担心，在这之前大股灾已经发生过了，并且还会再次发生。关键的事情在于做好准备。

我将市盈率视为指示市场真实状态的最佳指标之一。通过市场当前数值与长期平均值的比较，你可以知道关于许多自己在市场内所处位置和将去何方的信息。请记住，市场总是会返回到长期平均值并且超越它！

如果我们将这个分析工具和一套简单的顺势交易系统相配合，正确的可能性会高于出错的可能性。我们将会看到一些非常大的价格运动，因为市盈率对于选择短期时机目标并无用处，但作为预测未来指标是独一无二的。

熊市所经历的三个阶段

我在前面提到了三个阶段，在此总结一下：

1.第一阶段是去除过度上涨部分，这一阶段我相信我们已经看到了。

2.第二阶段是坏消息袭击市场并使得它下跌，同时市场情绪也一落千丈。

3.第三阶段是真正的恐慌来临时，市场变得完全被估值过低。恐惧在蔓延，并且你会读到金融体系将会终结的评论，正如我们所知的，英国市场曾经在 20 世纪 70 年代早期出现过这样的价格运动。

如果我们确实看到了某个价格运动从极端的"估值过高"下行到极端的"估值过低"，那么很明显这三个阶段必定会发生。尽管这三个阶段也许不是完全独立的运动，但可能会以某种方式衔接。不过，我们已经看到的第一阶段下跌，并没有造成多大的经济危害，这就是我预测还会有更多下跌出现的原因之一——结构性问题仍旧存在！

以上结论也包括房地产市场在内。房地产市场与所有其他市场一样，它们的价格只不过是在慢慢地变化，但也有了比较明显的资产缩水。

有一条适用于所有市场的黄金法则，就是一旦人们开始单纯地买入（因为他们看到了未来升值的可能），那么就到了需要开始留心的时候了。当我说"单纯地"一词时，我指的是价格已经太高，已远远偏离价值。这样的情况曾经发生在互联网泡沫时期，基本面分析派（有人也称他们为基本乱分析派㊀）无法找到符合价值的投资，虽然有些人假装可以找到，结果被人起诉了！买入那些价值被大大高估了的股票的唯一理由是它们还会上涨，并且它们的确上涨了！但之后崩盘了。我相信此刻许多英国和美国的房产市场就是这个样子。

㊀ "基本面分析派"的英文单词为"fundamentalist"，作者开玩笑说有人称他们为"funnymentalist"，可直译为"奇怪心理派"，为保持原文改动字母的修辞意蕴，故译为"基本乱分析派"。——译者注

结构性问题

以下是我们面临的一些主要金融问题：

1. 股票市场泡沫扩大并且非常脆弱。

2. 房地产市场泡沫扩大并且非常脆弱。

3. 美国的双赤字（财政赤字和贸易赤字）正在使美元承受贬值压力。

4. 个人债务正在威胁消费性开支的可持续性，而消费性开支是支撑美国和世界经济增长的基础。

5. 美国欠着其他国家巨额的债务，如果有些国家决定让美国偿还债务，那么美元将开始贬值。

危险之处在于，如果这5个问题中的任何一个开始失控，它可能会成为所有问题的催化剂。例如，巨额资金被消费者以抵押贷款的方式提取，这使得美国和英国经济继续增长。有迹象表明，房地产市场涨价速度正在放缓，这可能会缩小继续借贷的范围，可能会减少消费性开支，并开始一轮较温和的经济衰退。然后房地产和股票市场开始下跌，这可能会让那些使用美元的投资者丧失信心，也可能会使得美国债券市场下跌。美元开始下跌并且突然之间一切都会同时发生。

这并不是一个令人愉快的场景，我认为艾伦·格林斯潘选择从美联储离任的日期非常明智！

结论

最终，交易者寻找交易机会，并且选择如何定义那些机会，这样的定义包含了交易者自己首选的时间框架。我在前面的评论中所谈的是最大时间框架，可能许多读者（事实上是大多数读者）对此不太感兴趣。我必须声明，我自己的交易时间框架毫无疑问是相对较短期的，这一点你可以从这本书中推断出来。

然而，预计会有一场暴跌将影响到我们所有人。奇怪的是，这本书第一次出版正好是在 1999 ～ 2000 年左右出现重要价格顶峰之前不久。可能历史将不断地重演，说不定这个修订版出版之后的几个月里也将出现一个重要价格顶峰？

约翰·派珀

2006 年 4 月

译　后　记

　　就在本译稿接近完稿之际，美国股市道琼斯指数在 2018 年 2 月 2 日星期五收跌 666.75 点，跌幅达 2.54%，显露不祥之兆。2 月 5 日星期一重新开盘后，道琼斯指数一度下跌将近 1600 点，为史上最大盘中点数跌幅，最终收跌 1175.21 点，跌幅达 4.6%，创下 2011 年以来最大单日跌幅。欧洲、亚洲等股市也应声而落，纷纷开启暴跌模式，全球市场一时间风声鹤唳，哀鸿遍野，有人惊呼 1987 年式的全球大股灾正在重演。读过本书的读者知道，作者约翰·派珀在本书中多次提及 1987 年的全球大股灾，事实上，那次股灾是他交易生涯中最为宝贵的经历之一。

　　不要害怕风险，作者告诉我们要学会与风险相处，没有风险就没有收益，但要充分利用低风险交易机会，严格控制风险；不要害怕问题，作者告诉我们要把问题视为一份上天恩赐的礼物，解决或超越问题将获得出乎意料的回报；不要急功近利，作者告诉我们他在通往成功的道路上所经历的 55 个步骤，唯有精进不懈，方能到达成功彼岸。

　　在翻译本书的过程中，对我而言收获最大的是让我明白"交易是一种人生历练，它与其他事情并不相同。当你成为一名更优秀的交易者时，你也就成为一个更完善的人"。在我们克服过度贪婪和过度恐惧这两大心理顽疾之后，并取得优异交易成绩之时，财务与精神的双重自由将不再是遥不可及的梦想，生活也必将呈现出格局一新的面貌。所以，交易虽然是世上最艰难的事情之一，但也是最值得付出努力去争取成功的事情之一。希望本书能够帮助你早日在交易之路上领悟到交易之道。

在此我非常感谢机械工业出版社的王颖编辑向我推荐翻译此书，能翻译这样一本充满诚意与睿智的好书是译者的荣幸。也许存在某种机缘，书中最核心的理论内容是"金融交易金字塔"模型，而我的名字中恰恰有一个"鑫"。同时也要感谢施琳琳编辑的耐心指导与真诚鼓励，使我第一本译著能够顺利出版。借此机会，也要感谢爱我的家人和帮助、关心我的朋友，一切因为你们而值得。我还要特别向不吝提携与赏识我的几位前辈表达感激之情，知遇之恩待来日勉力相报。

最后，我诚挚地希望读者能够对我译本中的不当之处给予批评与指正。若能收到赞赏与肯定（万一有的话），那当然也会是件让我感到非常开心的事。我的邮箱是：tradeway2018@163.com；微信公众号是：tradeway2018。欢迎来信或留言讨论与本书内容有关的问题，或者推荐其他值得翻译的好著作。

黄志鑫

2018 年 2 月 28 日

于浙江绍兴越城

— 基金之神彼得·林奇投资三部曲 —

美国《时代》杂志评选"全球最佳基金经理"
美国基金评级公司称其为"历史上最传奇的基金经理"
彼得·林奇的书是巴菲特指定送给孙子的礼物

每月走访40~50家公司，一年500~600家公司。

一年行程10万英里，相当于每个工作日400英里。

持有1400种证券，每天卖出100种股票，买进100种股票。

管理的基金13年间从1800万美元增至140亿美元。

彼得·林奇对投资基金的贡献，就像乔丹对篮球的贡献。

他把基金管理提升到一个新的境界，把选股变成了一门艺术。

彼得·林奇的成功投资（典藏版）

ISBN：978-7-111-59073-6 定价：80.00元

彼得·林奇全面讲解其选股法则与投资策略
每一位认真的投资者都会反复阅读彼得·林奇的经典之作

战胜华尔街：彼得·林奇选股实录（典藏版）

ISBN：978-7-111-59022-4 定价：80.00元

彼得·林奇的投资自传
写给业余投资者的黄金投资法则

彼得·林奇教你理财（典藏版）

ISBN：978-7-111-60298-9 定价：59.00元

彼得·林奇封刀之作
写给年轻一代的投资宝典

投 资 大 师 · 极 致 经 典

书号	书名	定价	作者
978-7-111-59210-5	巴菲特致股东的信：投资者和公司高管教程（原书第4版）	99.00	沃伦 E 巴菲特 劳伦斯 A 坎宁安
978-7-111-58427-8	漫步华尔街（原书第11版）	69.00	伯顿 G. 马尔基尔
978-7-111-58971-6	市场真相：看不见的手与脱缰的马	69.00	杰克 D. 施瓦格

大师人生

书号	书名	定价
978-7-111-49362-4	巴菲特之道（原书第3版）	59.00
978-7-111-49646-5	查理·芒格的智慧：投资的格栅理论（原书第2版）	49.00
978-7-111-59832-9	沃伦·巴菲特如是说	59.00
978-7-111-60004-6	我如何从股市赚了200万(典藏版）	45.00
978-7-111-56618-2	证券投资心理学	49.00
978-7-111-54560-6	证券投机的艺术	59.00
978-7-111-51707-8	宽客人生：从物理学家到数量金融大师的传奇	59.00
978-7-111-54668-9	交易圣经	65.00
978-7-111-51743-6	在股市遇见凯恩斯："股神级"经济学家的投资智慧	45.00